新时代成人高等教育
转型发展路径探索

■ 于 灏 李晓辉/著

汕頭大學出版社

图书在版编目（CIP）数据

新时代成人高等教育转型发展路径探索 / 于灏，李晓辉著. -- 汕头：汕头大学出版社，2021.12
ISBN 978-7-5658-4253-5

Ⅰ．①新… Ⅱ．①于… ②李… Ⅲ．①成人高等教育－发展－研究－中国 Ⅳ．①G729.21

中国版本图书馆CIP数据核字(2020)第263952号

新时代成人高等教育转型发展路径探索
XINSHIDAI CHENGREN GAODENG JIAOYU ZHUANXING FAZHAN LUJING TANSUO

作　　者：	于　灏　李晓辉
责任编辑：	黄洁玲
责任技编：	黄东生
封面设计：	乐　乐
出版发行：	汕头大学出版社
	广东省汕头市大学路243号汕头大学校园内　邮政编码：515063
电　　话：	0754-82904613
印　　刷：	三河市嵩川印刷有限公司
开　　本：	710mm×1000mm　1/16
印　　张：	6
字　　数：	100千字
版　　次：	2021年12月第1版
印　　次：	2022年2月第1次印刷
定　　价：	35.00元

ISBN 978-7-5658-4253-5

版权所有，翻版必究
如发现印装质量问题，请与承印厂联系退换

前言

 成人高等教育是我国高等教育的重要组成部分，在相当长一段时间内作为普通高等教育的有益补充，在人才培养和社会服务等功能上发挥了极其重要的作用。随着市场经济的发展和大众化教育目标的基本实现，以学历教育为主的成人高等教育遇到一系列问题，因此，成人高等教育面临着转型的趋势，即成人学历教育应进行融合式发展转型，成人非学历教育应以个性化需求为核心进行发展转型。新时代背景下，成人高等教育发展面临新形势、新要求和新挑战，在发展过程中要不断地提升成人学历教育的内涵质量，提高成人非学历教育的时效性以及增强成人高等教育的人才培养质量，最终实现自身的发展转型，才能够继续保持成人高教事业的竞争力和生命力，焕发新生，实现健康可持续发展。

 鉴于此，笔者撰写了《新时代成人高等教育转型发展路径探索》一书，在内容编排上共设四章，第一章以成人高等教育转型概述、新时代我国成人高等教育转型的可行性与必要性为切入，诠释成人高等教育转型的基本理论；第二章分析新时代成人高等教育转型的理论支撑与转型路径，内容包括社会转型理论及其转型路径、终身教育理论及其转型路径；第三章论述新时代成人高等教育观念的转型、新时代成人高等教育转型中需注意的问题、新时代成人高等教育转型的方向与策略、新时代成人高等教育转型的质量保障；第四章突出实践性，分别从创新创业教育影响下的成人高等教育转型发展、慕课在成人高等教育转型中的创新应用、大数据技术在成人高等教育转型的应用三个方面探讨新时代成人高等教育转型发展的实践创新。

 本书有如下两个特点：

 第一，更新观念，力求前瞻性。在撰写过程中，坚持以先进的教育教学理论为指导，以成人高等教育转型实施策略的实践经验和理论成果为基础，贯彻基础教育改革的精神，总结实施策略的新经验和新模式，体现出观念的现代化和内容的新颖性。

 第二，突出重点，强化针对性。针对成人高等教育转型发展的情况和新时代下应实施的途径，进行系统深入的专门研究。

  笔者在撰写本书的过程中，得到了许多专家学者的帮助和指导，在此表示诚挚的谢意。由于笔者水平有限，加之时间仓促，书中所涉及的内容难免有疏漏之处，希望各位读者多提宝贵意见，以便笔者进一步修改，使之更加完善。

作 者
2020.9

目录

第一章 绪论 ... 01
第一节 成人高等教育转型概述 ... 01
第二节 新时代我国成人高等教育转型的可行性与必要性 ... 10

第二章 新时代成人高等教育转型的理论支撑与转型路径 ... 16
第一节 社会转型理论及其转型路径 ... 16
第二节 终身教育理论及其转型路径 ... 34

第三章 新时代成人高等教育转型发展的范畴与策略 ... 49
第一节 新时代成人高等教育观念的转型 ... 49
第二节 新时代成人高等教育转型中需注意的问题 ... 57
第三节 新时代成人高等教育转型的方向与策略 ... 58
第四节 新时代成人高等教育转型的质量保障 ... 67

第四章 新时代成人高等教育转型发展的实践创新 ... 76
第一节 创新创业教育影响下的成人高等教育转型发展 ... 76
第二节 慕课在成人高等教育转型中的创新应用 ... 83
第三节 大数据技术在成人高等教育转型的应用 ... 85

参考文献 ... 88

第一章 绪 论

成人高等教育对构建终身教育体系起着非常重要的作用，它承担着为国家培养各层次人才的重要任务。对于成人高等教育而言，从各方面进行改革创新，就是一种转型，其包括价值转变、结构调整、思维提升以及制度创新等多个方面，从这些方面对现有的成人高等教育进行改革创新，以能够提升成人高等教育的社会地位，促进其更加稳健地发展。本章主要围绕成人高等教育转型概述、新时代我国成人高等教育转型的可行性与必要性展开论述。

第一节 成人高等教育转型概述

一、成人高等教育的起源与发展

（一）成人高等教育的起源

在过去的一段时间里，成人高等教育办学机构片面地过度追求规模和效益，引起了人们对于成人高等教育的抱怨和批评，当然这些抱怨和批评产生的原因也有着办学机构和民众理解偏差的原因，主要集中体现在对成人高等教育本质、特点、任务的认识方面。普通高等教育的目标和质量远远高于成人高等教育，但是如果成人高等教育也采用普通高等教育的人才培养模式，那么在观念上、时间上或者学习能力上，成人的学习者都无法认可，也无法达到要求。这些现象产生的原因是人们对成人高等教育内涵有多种认识和理解，成人高等教育是有中国特色的高等教育形式，类型复杂，形式多样，没有一种高等教育能和成人高等教育相比。

中华人民共和国成立后的业余高等教育和函授高等教育是现在成人高等教育的起源。当时全日制普通高等教育资源稀缺，招生计划有限，无法为国民经济建设提供足够的人才支撑，所以在政府的支持下，以业余和函授为主的办学形式扩大了接受高等教育的群众人数，为国民经济建设提供了更多的人才。随后，高等教育自学考试、广播电视大学及远程（或网络）教育也逐渐兴起。

现在，发展成人高等教育的基本宗旨仍然是增加民众接受高等教育的机会并且培养更多建设祖国的人才，增加民众接受高等教育的机会是为了满足学习者的需要，培养更多建设祖国的人才则是满足社会的需要。虽然成人高等教育增加了多种多样的办学形式，但仍然保留其本质特征——以高等教育为层次、以在职人员为教育对象，后期也有接受过中等教育的非在职人员、以业余学习为主要的学习形式。至于高等教育是否是学历教育，是由在特定社会历史条件下的学习需求和社会需要决定的。

曾经，成人高等教育也出现过全日制学习的形式，后来，教育行政管理部门及时制止了这种行为。以上述本质特征为基础，给成人高等教育下一个反映国情、符合逻辑的定义就是：以业余学习形式为主，对已具有中等教育水平的成年人进行高等教育水平的教育。当普通高等学历教育资源紧张短缺，供应不足时，可以利用成人高等教育作为补充形式，这也是成人高等教育的主要功能。当在职人员的继续教育需求极速增加时，成人高等教育也是满足这类社会需求的主要方式。总之，高等学历教育和非学历教育就像钟摆的左右两侧一样，自中华人民共和国成立后，成人高等教育的功能在总趋势上从左至右位移。

（二）成人高等教育发展的新趋势

现在的高等教育成为了社会中心，显现出新的特征：国际生源、国际教师、全球学习空间布局、慕课、产政学融合、全球知识文化创新系统。为了更好地创造人们美好的生活，在好奇心的驱动下，高等教育通过新的知识生产模式来达到整合资源、为实现个人价值服务的目的。正在形成的新的创新发展模式的基础是知识的发现、传播和应用，方式是教育服务，承载的是文化，目标是促进人的终身学习和建设学习型社会。

信息技术一方面推动知识创新，另一方面影响着教育服务方式。信息技术的发展，互联网的应用越来越深入，给研究带来极大的便利。信息技术的发展，促进研究信息与成果能够更迅速、快捷地获取和传播，研究成果基本不存在时间差。与课堂相比，通过互联网，学生可以获得更多的资源和信息。

教育发展价值的新取向是形成人的终身学习能力，建设学习型社会。早在20世纪60年代末70年代初，赫钦斯的著作《学会生存》和联合国教科文组织出版的《学习：内在的财富》两份教育变革报告中就提出了终身学习、学习型社会、终身教育的概念和观点。在这两份报告中都在强调，教育对人的发展产生的影响是促进人进行终身学习，并且形成终身学习的能力。教育对社会发展的作用体现在构建符合终身教育理念的教育体系，促进人类社会发展成为学习化社会。这种教育变革思想富有远见，具有洞察力、判断深邃的特点，同时又得益于以联合国教科文组织的报告为载体，所以在世界各地广泛传播，也影响了世界各国的教育改革。

（三）成人高等教育的环境和挑战

根据提供教育服务的办学主体来划分，成人高等教育分为普通高等学校、开放大学或广播电视大学、业余大学、独立设置的行业类成人高等学校、社会力量办学机构。这些办学机构的教育教学服务有的以面授为主，例如业余大学；有的以自学为主、面授为辅，例如网络教育；有的完全以自学为主，例如高等教育自学考试服务。在学习结果认证方面，包括学历高等教育和非学历教育培训两种。虽然这种办学格局能够增加民众接受高等教育的机会，但是并没有提升教育培训质量，也不能在根本上促进完全意义上的教育公平。所以政府一直面对的政策难题是怎样才能分类引导、分步推进，促使成人高等教育不断发展与改革。在我国，以下五方面的环境和挑战是成人高等教育正在面临或即将面临的。

（1）非学历教育培训需求上升，学历高等教育需求减少。现在我国高等教育正逐渐普遍，呈现后大众化，这也导致出现了大学毕业生就业难的局面，每年的高等教育需求正在减少。减少的不仅是成人高等教育需求，在普通高等教育方面的需求也在不断减少，每年的"弃考生"数量都不断上涨，足以证明这一点。某种程度上，"读书无用论"在一些地区和人群中又沉渣泛起。与之相反的是，非学历教育培训需求呈现不断催生和增长的态势。所以，应对人们学习需求的转变，对成人高等教育是一个巨大的挑战，也是难得的机遇，以便其实现转型。

（2）重视学历高等教育，轻视非学历高等教育。学历高等教育机会不足是成人高等教育的起源，曾经学历高等教育的学习需求深受重视，有着巨大的学习缺口，可是现在这种学习需求正逐渐减少。这就需要尽早转变观念，重新根据新的需求而进行课程设计与开发、教学、学习支持服务，打造新的教育服务流水线。

（3）在声誉与特色方面，成人高等教育系统与普通高等教育系统存在差距。成人高等教育系统和成人院校与普通高等教育及普通院校相比，存在声誉和特色方面的"短板"。各类办学机构教育教学服务同质化，在办学和人才培养方面没有鲜明的特色。同质化的表现主要有两方面：一是与普通高等教育过于相似，表现在专业培养目标、课程教学、学业评价等方面；二是这些办学机构之间过于相似。另一个共同存在的弊端是，成人高等教育办学机构的学习需求和学习特点并不符合成人，符合成人特点的只有业余制学习形式。

（4）城市户籍生源下降，农村户籍或进城新市民生源上升。城市户籍适龄生源接受普通高等教育系统就读并获取学历文凭的是大多数，越来越少的城市户籍适龄学生成为高考落榜生，使得成人高等学历教育需求越来越小。而农村户籍或进城新市民情况正好相反，大多数人员学历程度低，有的甚至只有初中文化程度，所以他们需要接受成人高等学历教育。《国务院关于进一步推进户籍制度改革的意见》是我国实现城镇化目标的政策基础，也为其提供了动力支持。

（5）公办成人高等教育机构的"强"与民办成人高等教育机构的"弱"形成鲜明对比。与其他教育系统一样，民办成人高等教育机构数量少，诸多制约办学的因素尚未得到政策和制度上的合理设计和安排，在发展态势上明显处于弱势。而公办成人高等教育机构依赖出身优势、办学经验或与行业企业的天然血缘关系占据"天时、地利、人和"之优势。在成人高等教育市场上，国营垄断特征明显，尚未能建立起公平的教育培训市场竞争环境和机制。近年来，在成人教育市场上，民办教育机构的市场份额和影响力在不断扩大，这一方面源于民办教育机构对市场需求的精准及时反应，也得益于公办教育机构不得涉入该领域的政策限制。由此看来，在我国教育市场领域的细分和占有上，政策限制和准入制度起着决定性的作用。

二、成人教育转型的现实意义与特性

（一）成人教育转型的现实意义

成人教育要想适应经济社会快速发展的要求，必须转型。"型"原指铸造器物的模子，古代用木做的叫模，竹做的叫范，土做的叫型。后引申为样式、模式。"型"是在一定时势条件下逐渐形成的，一旦形成固定或公认的"型"，它又会以一定的方式去影响人们的观念和行为，从而强化这种"型"。当"型"不适应形势发展的要求需要改变时就必须有新的观念、思想作指导，必须有一个新的目标，且有一个过程。

从制度角度看，我国现行的成人教育的运行模式是"国家统一招生——学校办学——国家实施毕业监控",即成人教育入学采取国家统一入学考试(目的是确保入学的公正性和具备相应的学习能力),学校自主办学,国家进行毕业监控(主要表现在学籍异动管理和毕业电子摄像上,以确保毕业信息的真实)。从表象上看,这是国家和学校双重负责的有效体制,教育主管职能部门负责入口和出口:一方面确保了入学的公平,另一方面把住了毕业关口的真实性;高校承担人才培养任务,拥有人才培养的自主权,对质量和过程负责。但在实践过程中就容易造成两方面的后果:一是人们更关注于如何获取成人教育资格,只要有了资格,毕业信息的真实性就有保障,学员就可获得国家承认的学历证书,社会用人单位也会予以认同。于是一些投机分子就会利用这一特点,从入学环节寻找突破口,从而导致高考舞弊现象屡见不鲜,日趋严重。二是人才培养过程本身是一个弹性过程,当人们过分关注入口和出口时,对学习过程的关注程度就会降低,对教学过程中出现的一些问题和疏漏视而不见甚至是纵容、怂恿,从而使得成人教育质量几乎处于失控状态。

从办学过程来看,在传统的"学历补偿"教育观念和"学历至上"用人理念的综合影响下,加之高校自身重普教、轻成教的观念以及固守传统的惰性,使得成人教育20多年来没有跳出"学历教育"的羁绊,课程设置注重学科体系,课程内容偏重理论体系,学习形式沿袭传统的课堂教学,教师的责任心不强,对学习效果重视不够,学生文化基础较差,学习意识不浓,学以致用的积极性不高。久之,教师因学生基础较差不愿教,学员因学了用不上不愿学,很难确保质量。

从社会用人环境来看:用人单位采取简单化的学历至上机制,且采取"拿来主义",对人员的考核和聘用,简单地以"学历"为指针,更进一步是以"证书"为导向,只要有学历证书,符合学历要求即视为合格。同时在岗位上,单位也很少创造条件如资金、时间等,于是就形成了经费不支持,工作任务不减量,时间不保障,学习不离岗,只要拿来证书就认可的状况,久而久之就形成了一种风气,不听课、不学习,考试托关系走后门或者作弊,教育质量必然滑坡。对成人教育信誉下降起到了推波助澜的作用。

成人教育的社会背景变了,成人教育的社会功能变了,影响人们实现自身目标的社会环境变了,实现目标的手段也必然要变。成人教育最初是学历补偿教育,为在正规教育阶段没有获得连续学习机会的人提供机会。其状况与当时普通高校招生一样,是计划经济条件下的一种非常稀缺的资源,为保证质量,也确保公平,实行国家计划招生，招生量也非常小，因此实行国家统一考试在当时是非常有效的。当时通过成人高考获得学习资格与普通高考一样也是一种荣誉。

近年来，成人高考的自身的光环逐渐暗淡，高考已变成一种纯粹的手段，有时甚至演化成了一种形式（录取分数线已极低），象征意义大于实际意义。在成人教育普及的态势已不可避免的情况下，就应考虑按市场规律的要求，改革高考选拔机制，取消国家统一入学考试，给高校充分的招生自主权，放宽入学条件限制，把成人教育办成终身教育、普及教育。

成人教育本质上属于继续教育的范畴，人们接受教育的需求或者说目的虽然各异，但在接受成人教育过程中在一定程度上能提升自身知识和能力是必然的，是不容置疑的。由此来看，每一个想接受成人教育继续深造的人（只不过在学历、知识、能力等方面各有侧重）都应该被接纳，而不应该被设置种种障碍。当学生还没有明确的职业指向时，按专业设计培养方案并实施，当成人教育面对的大多是有明确职业岗位的人员时，应从岗位需要入手，按照实用、有用、管用的原则设计方案、设计课程、设计教学过程、减少课程门类、减少理论课程、增加实践环节；减少课堂讲授形式，增加讨论、研究、调研等多形式的授课方式。

型的转变需要一个漫长的过程，在此期间需要职能部门和实施部门逐渐转变观念和职能，逐渐适应形势发展的需要。

（二）成人教育转型的特性

成人高等教育主要有以下六个特点：

（1）系统性。系统性是指人才培养模式的各个特点间相互联系、相互促进、相互制约、相互影响，形成不独立的有机整体。因为人才培养模式是系统的组织样式和运行方式，所以需要进行全面认识、深入研究。

（2）稳定性。稳定性的稳定主要指的是成人高等教育培养人才模式的架构，包括知识、能力、素质三方面，一经确定，不轻易改变。

（3）示范性。示范性是指在我国特色教育以及提高人才培养效益方面，成人高等教育模式具有示范作用，这是培育人才过程中将实践与理论相结合得出的实践结果，具有重要意义。

（4）时代性。时代性是指成人高等教育的培育目标要有时代性，也就是所制定的目标要充分考虑时代的发展、市场的变化，要有针对性地培养市场需求的人才。这就要求培育模式要科学化，培育方案要时代化，教给学员的知识和技术要跟上时代的发展。

（5）多样性。多样性是指成人高等教育的培育模式是多元的，要根据实际情况的不同，制定不同的模式。学校要培养复合型的多样化人才，要立足于自身的条件，制定不同的培育方案，以满足不同的培育需求，也满足学员不同的学习需求及社会的人才需求。多样性还体现在培育的时间上，有短期的、见效快的培训方式，也有长期的培训方式，还有学历教育与非学历教育相结合的方式。在培育内容上，有理论知识的，有技术知识的，还可以理论与技术相结合。只有多样化培养人才，才能适应复杂的社会需求。

（6）实践性。实践是检验真理的唯一标准，只有通过人才培养实践，才能确定人才培养模式，只有实践证明该模式有效，这种模式才具有生命力和推广的价值。

以上特性能够充分发挥成人高等教育的潜能，适应成人的特点，能够充分调动成人的创造性，从而为社会作出更大贡献。

三、成人高等教育转型的内容

转型的本质就是打破旧的秩序，建立新的秩序，也就是两种平衡间的过渡，通过不断变革方式来适应环境的变化。教育转型，也就是社会环境发生了改变，需要建立新的教育秩序。成人高等教育是教育的特殊系统，转型的内容主要涉及以下四个维度。

（一）办学体制的转型内容

成人高等教育的办学体制由原来的政府主导变为现在的市场主导，以适应现在市场经济的发展和社会的整体变化。人们的高等教育需求有着实质性的不同，现在的人们越来越被劳动力市场的供求状况而影响着，所以在教育资源的选择上更多的是选择适合自己的、更优质的。现在，评价成人高等教育质量优劣的主体不仅是教育行政部门和专家，社会需求更多地参与了进来。成人高等教育的办学体制必然发展到以市场为主导，这就需要政府转变职能，打破高度集中统一管理，而给成人高等教育机构自主办学的权力，政府仅进行宏观调控、综合协调。这样，也能鼓励社会力量成为办学主体，实现多元化。成人高等教育办学机构要以市场为主导，通过市场意识进行自身定位，调整专业设置和教学计划也要符合市场需求，以学生为顾客建立服务体系，增加服务意识，使单独的教育变为为成人学习者提供全方位的学习支持和评估服务。

（二）办学功能的转型内容

高等教育的三项基本职能是教学、科研和社会服务，但是在普通高等教育和成人高等教育中，三者的地位是不同的。在成人高等教育中，教学和社会服务比科研更体现办学的特色。所以在成人高等教育转型的过程，要不断提升教学质量，也要重视社会服务工作。既满足社会需求又能加强学校与社会的沟通，适应社会的发展，充分发挥人才培养、科学技术方面的优势，开展专业培训、技术咨询等社会经济技术活动，以服务于社会经济的发展。

（三）办学模式的转型内容

办学形式的转型是指成人高等教育不仅开展成人高等学历教育，还要重视非学历教育，特别是大学后继续教育和高层次岗位培训的发展，从而满足从业人员的需要，打造符合从业人员学习特点的教育形式与途径，打造以学历教育为主，非学历教育、岗位培训、职业资格证书培训、新知识培训等全方位教育与培训齐头并进的新模式。成人高等教育机构的专业设置要以市场调研为前提，准确把握市场需求，设置的专业要符合地方经济社会建设需要，打造符合成人教育特点的特色专业，形成校企共建、合作办学的良好局面。培养方法要多样化，变单一课堂讲授为多种形式互动式教学；结合理论讲授与案例分析、专题研讨、学术沙龙多种方式，增强学习效果。

（四）资源配置的转型内容

资源配置的转型是成人高等教育转型的硬件基础，包括多个方面，主要有师资、图书资料、教学设备、场馆设施等各类教育教学资源。其中的关键是师资的转型，师资是实现人才培养目标的基本保障。学校的功能转型必然伴随着师资队伍的相应调整。一是师资总量要提高，才能拓展办学功能；二是师资的种类也要多样化，以市场需求为导向，成人高等教育的师资力量需要增强，由学术性转变为职业性；三是要提高"应用型""双师型"的师资比例。

四、成人教育转型的动力分析

（一）社会转型与经济发展的推动力

教育作为社会的一个子系统，要为社会发展服务。社会的转型势必会给成人教育带来较大的影响，并且加快成人教育的转型，促进成人教育的发展。"巨大的经济运动总是伴随着教育上的拓展"，以经济转型的角度来看，粗放型的计划经济体制向集约型的市场经济体制转变，势必促进成人高等教育机构和管理体制等的变化。

随着信息时代的来临，知识经济的快速发展，新知识、新技术层出不穷、日新月异，工业化、城镇化、信息化、市场化、国际化进程加快，为了紧随时代的步伐，人们只有不断地充实、完善自己，提高自身的综合素质，成人的学习需求与动机也日益多样化，以学历为导向的成人教育传统教育模式已经无法满足成人多样化的学习需求。这就要求成人教育要应时而变，不断创新，必须要由封闭单一的传统学历教育为主转型为开放多样的学历教育与非学历教育并重的真正意义上的终身教育。

（二）相关教育之间日益激烈的竞争压力

随着我国高等教育大众化步伐的加快，普通高等教育的规模不断扩大，高等职业院校蓬勃发展，民办高校的悄然崛起，打破了原有的成人高等教育与普通高等教育的格局。与此同时，普通高等教育的招生人数也急剧增加，占据了成人学历教育的生源市场。与传统成人学历教育处境越来越艰难，路子越走越窄相比，成人非学历教育发展迅速。

（三）自身发展的驱动力

成人作为成人教育的主体，其具有学习的不同需求、学习的工学矛盾、学习的经验性与自主性等特点。传统观念认为成人参加学习的主要动机是追求学历。但成人学习人群随着社会的发展在不断增加，成人的学习需求也日益多样化。随着知识经济的时代的到来，人们在知识质量以及总量方面均产生了重要的变化，只有不断地充实自己的知识，增强自身的综合素质，才能够紧随时代的步伐。

随着信息化时代的到来，技术在人们的日常生活和工作中越来越重要，技术的信息化、智能化以及网络化发展要求人们不断地学习技术知识，通过技术的提升，提高自己的工作能力，进而提高生活质量和生活幸福度。人们对于知识的学习不再是单纯为了获得文凭，更主要的是想通过知识学习，提高生活水平和生活质量，因为成人对教育的需求发生了变化，而导致当前的教育模式无法满足成人的教育需求。教育需求的变化，也促使教育模式发生改变，成人教育如果想跟上时代的发展，就要满足成人对学习日益变化的需求，就必须要由单一的、封闭的学历型教育向开放的、灵活多样型的实用型终身教育转变，这也是新时期构建学习型社会赋予成人教育的历史使命。

第二节 新时代我国成人高等教育转型的可行性与必要性

社会主义市场经济体制的逐步确立促进了我国经济的快速发展，也推动了社会转型。随着新的教育需求和教育技术的出现，以及终身教育思想的传播，成人高等教育也必须顺应潮流适时转型。继续教育是实现终身教育的重要形式，因此要加大发展力度，其最终的目的就是将我国建设成为学习型社会。提高全民受教育程度，构建终身教育体系，建设全民学习、终身学习的学习型社会已经成为社会和教育发展的重要而紧迫的课题。

一、成人高等教育转型的可行性

（一）理论的支撑

1.终身教育发展理论

终身教育一词最早出现在于20世纪20年代，20世纪60年代以后，在联合国教科文等国际组织倡导下，终身教育思想开始向全世界传播。终身教育包括所有类型的教育和学习活动，以满足所有人的教育与学习目标为目标，是人一生中各种教育与学习的总和与整合。终身教育理论强调三个核心价值：一是教育的全民性或全纳性，强调教育应该满足各类学习者的需求；二是教育的终身性，强调贯穿人的一生，应满足人在各个年龄段的学习需求；三是教育途径和方法上的多样性与灵活性，强调承认各种教育与学习，尤其是非正规教育和非定形学习的价值，各种学习成果应实现沟通衔接。

随着社会主义市场经济体制的逐步确立和终身教育思想的普及，我国一系列重要政策文献中提出了构建终身教育体系和建设学习型社会的战略目标，原有的成人教育体系也开始向终身教育体系转型。终身教育理论对成人高等教育的影响是多方面的，它不但肯定了成人高等教育的存在价值与意义，引导着成人高等教育的良性发展，也成为转型的指明灯。成人高等教育正是将终身教育作为其发展的最终目标，在办学理念、专业设置及师资等多方面做出积极主动的变革，要统筹学历教育与非学历教育，推行多样化的办学，促进资源共享，强化政府统筹管理。

在办学体制上，要积极鼓励各种社会力量帮助或参与举办成人高等教育、终身教育，加强部门间、校企间、学校间的联合办学与合作，形成公办与民办相互补充、共同发展的办学格局。在办学形式上，加强脱产、函授、远程、自考、夜大学等各种学习形式的沟通衔接和学分互认，探索"学分银行"建设，把家庭教育、学校教育、社会教育连为一体。在教学手段上，随着"互联网+"时代的到来，要充分利用微课、慕课、翻转课堂等多种网络资源，为成人学习创造便利条件。

2. 公共产品理论

1954年，萨缪尔森在其文章《公共支出的纯理论》中，定义了公共产品的概念："公共产品是这样的物品，扩展其服务给新增消费者的成本为零，且无法排除人们享受的物品。"他的主要观点是：对于某一个公共产品，即便是增加了消费的人数，也不会减少另一个消费者的消费。现代学者一般认为：公共产品是与私人物品相对应的物品，主要的作用是为公共需求提供服务，其特点是非排他性，也就是公共产品的消费者之间不存在相互排斥性，由于公共产品是为公共需求提供的服务，所以也具有非竞争性。公共产品的非排他性也称为消费上的非排斥性，即当某人消费这类产品时，他无法排斥其他人也同时消费这类产品；公共产品在消费上具有非竞争性的特点，它可以为许多人同时享用，也可以反复消费，其边际消费成本为零，每增加一个消费者并没有引起总成本的增加。

教育是一个特殊的存在，它介于公共产品和非公共产品之间，正是由于具备非排他性特点，因此其属于准公共产品，不过，教育却不完全具备非竞争性特点，因此不属于公共产品。在消费成本方面，教育会在学生增加的情况下增加成本，而公共产品却不会变动。因此，两者的边际成本不同。这主要是因为，学生的增加，图书的占用机会就会减少，教师的精力就会被分散，校舍也会被占用。所以，直接消费层面上，教育表现出来的性质与私人产品相似。而间接消费的层面上，教育直接针对的是接受教育的人，但是，这些人会将学到的东西运用到社会中，从而教育就产生间接作用，为社会发展提供了助力。不过，产生的社会效益，却没有边际成本，而且社会的发展是所有社会成员都能够共享的，是无法将他人排除在外的。所以，间接消费层面上，教育又与公共产品相似，因此，教育是准公共产品。

正是由于教育的这一特殊属性，才能够利用市场机制，发展建设教育事业。

教育产品是非垄断性的公共物品,可以通过政府和非营利性机构两种资源配置机制来向社会提供。在成人高等教育的发展中,更需要通过确立对应的市场机制,增强其竞争性,以形成更大的推动力,实现教育转型。在市场机制的运作下,成人高等教育才能够转变当前的处境,借助市场机制的优势,积极推动自身的发展,市场竞争会促进整体教育的成长和发展。

（二）现实的基础

中华人民共和国国务院就招生制度改革印发了《关于深化考试招生制度改革的实施意见》,这是国家教育招生体系的又一次深化改革。该文件对改革招生录取机制明确表示:"开发更多的学习通道,为终身学习提供外在条件。采用多种新的入学机制,为更多的人提供受教育机会,如:可以采用注册入学机制,也可以采用弹性学制,放宽成人高校的招生条件,实现宽进严出。采用多种考试服务,有效地满足各类人群的考试需求。采用学分转换,实现各种教学之间的互动,增强相互之间的连接,为人才培养创造更好的环境。

《关于深化考试招生制度改革的实施意见》的规划和目的为:首先试点进行,然后在全国推广,最终形成稳定的考试招生制度,试点阶段开始于2014年,全面推广阶段开始于2017年,到2020年完成。新的考试招生制度将采用多元化、综合性的模式,避免了单一招生指标的缺陷。同时,要加大相关配套机制的建设,确保制度的有效落实,为成人的学习,拓宽渠道,为他们提供更多的受教育机会。毫无疑问,该文件为成人高等教育招生制度的调整与教育转型提供了政策基础。

随着高等教育的普及,我国普高教育规模不断扩大,高职院校蓬勃发展,民办高校悄然崛起,这就打破了成人高等教育与普通高等教育的格局。由于成人学历教育存在种种限制,还有来自其他高校的挤压,发展前景不容乐观,与之相比,非学历教育及培训生源充足,却成为成人教育一种新的前景广阔的发展模式。因此,成人高等教育要想在这种情况下继续发展,及时转型是非常必要的。

此外,构建学习型社会离不开成人高等教育,成人高等教育对学习型社会的构建与形成有着至关重要的作用,成人教育的教育需求正在由文凭需求向知识需求转变,成人在实际的生活和工作中更加需要知识的支撑,知识储备可以帮助成人获得更多的生活保障,也可以帮助成人完成自我能力的提升以及自我的发展。教育需求的转型是积极的、主观的,也是充满挑战的,需要长期坚持的。教育转型涉及成人教育观念的转变和教育体制的革新,除此之外,教育转型还能促进成人教育向可持续的方向发展。成人高等教育的转型有助于扭转社会的人才观，使人们接受成人高等教育更自主、更有目的性；有利于建设新型的成人高等教育体系；有利于为国民搭建终身学习体系，多样化的学习和发展需要。因而，成人高等教育必须通过转型，来促进终身教育体系的建立，乃至社会主义和谐社会的发展。

社会的发展对广大从业人员的教育水平提出了更高的要求，而成人高等教育则在满足这一需求中，起到了至关重要的作用。但实现成人高等教育转型，并不是一个随意的过程，而是一个比较严谨、发展艰难的过程。它不但要考虑到现实情况，而且需要考虑到未来的发展，它需要全面性的深化改革，要改变现有的结构，并根据其发展需求，积极地增设成人高等教育的功能，不断地完善和发展成人高等教育，提升其地位，为教育体系的完善做出一定的贡献。随着学习型社会的提出，国家对教育体系提出了更高的要求，而为了能达到目标，成人高等教育必须通过转型，以促进终身教育体系的建立，乃至社会主义和谐社会的发展。

二、成人高等教育转型的必要性

（一）转型是成人高等教育发展的需要

随着21世纪的到来，在高等教育改革发展的背景下，全国各地的成人高校数量越来越少。成人高等教育深受普通高校扩招、民办高校雨后春笋般发展以及网络教育、在线学习等其他形式的影响，陷入了招生难、生源紧张的发展瓶颈期。现阶段的成人高等教育有很多需要完善的地方，不同类型、不同层次的教育发展不平衡，各级各类教育之间缺乏有效的沟通衔接和资源共享，各地区的学习资源、学习机会以及服务分配不均，重学历教育、轻非学历教育的局面依旧存在。当前，在国家大力倡导构建终身学习体系的新形势下，成人高等教育要想摆脱以上困境，实现逆转，必须紧紧抓住机遇，及时转型。

中华人民共和国教育部下发了《中华人民共和国教育部关于"十三五"时期高等学校设置工作的意见》，文件指出："各地要系统梳理区域内独立设置举办成人高等学历教育高等学校的基本情况，区分不同情况分门别类地逐步加以调整优化；对于停招多年、已经没有在校生的，需要主管部门制定工作方案，在确保平稳前提下逐步撤销；对于个别科类特殊、在当地高等教育资源的结构布局中具有重要的补充和完善作用的，可单独改制为普通高等学校特别是高等职业学校；

对于开展学历教育条件不足，开展非学历教育又有一定基础的，可根据当地需求和自身特色转为非学历继续教育机构；支持有条件的广播电视大学，按照开放大学办学模式和要求进行建设和改革试点，服务终身教育体系和学习型社会建设。"该文件的出台无疑又将成人高等教育的转型提上了日程，如何调整教育结构，加强统筹，整合现有的高等教育资源，使教育更好地满足当前社会经济发展的需求是摆在各成人高校面前的一道难题。

（二）转型是社会持续发展的需要

成人教育的转型是为了适应社会发展的需要，成人和社会之间本就是相互需求相互需要的关系，成人教育的培养目的之一是帮助社会培养社会所需人才，社会也会根据发展需求促使成人根据需求改变自身的教育需求。我国社会现在处于社会形态转变时期，由于经济以及政策的深入贯彻发展，社会正在经历从传统向现代、从农业向工业、从封闭向开放的转变。在社会转型时期，社会对个人的知识技能要求也在不断提升。社会各行各业的管理人员、生产人员、销售人员、操作人员无不急需充电，通过不断的学习和培训，提升自己，适应社会对人才的需求[①]。

但在崇尚以学历教育为主，技能培训为辅的当下，成人高等教育并没有充分发挥其为广大成人学习者服务的作用，也没能提供多维度、多层次、多样化的继续教育服务。因此，在社会转型的背景下，成人高等教育也必然面临转型。

因此，无论是基层技术应用型人才队伍的建设，还是高层次的领军人物和高素质人才队伍的造就，都离不开成人高等教育。建设社会主义文化强国不仅仅要提高成人的整体职业素质和能力，更要改善成人的精神世界，使其接收新的思维，不断开阔眼界，提升境界，从而逐步地提高整个国民的道德水平。在国家大力推进城镇化发展的如今，数以亿计的农民工正在从农村迁移到城市，这无疑为成人高等教育的转型带来了新的契机，也就是如何为外来务工人员提供优质教育服务的问题。各成人高校只有用开放、包容的观念为引导，给予外来务工人员更多的人文关怀和政策支持，实现多元发展，改革办学体制，才能适应形势的需要。

（三）转型是建设学习型社会与构建终身教育体系的需要

学习型社会是指"成人教育虽然是一种继续教育，但却存在着一定的针对性，

---

① 刘允杰. 成人高等教育转型研究 [D]. 宁波：宁波大学，2017：5-19.

对接受教育的人群也有一定的要求；而学习型社会，则是一种不存在这种限制，能够为社会所有成员提供所需要的教育服务，是一种将学习、人格以及成就作为最终追求目标的社会。"。简言之，其实就是建设一个人人皆学，处处能学，时时可学的大环境，从而促进全体人民学有所教、学有所成、学有所用。我国提出建设学习型城市的设想是在20世纪90年代末，在实践层面推进学习型城市建设则是在2000年以后。例如，2017年4月宁波市教育局发布了《宁波市"十三五"教育事业发展规划》，重点任务之一就是要实施学习型城市创建工程，文件指出要健全市、县（区、市）、街道（镇乡）、社区（居委会、村）四级继续教育、社区教育与终身学习机构，县（市）区创建学习型城市达到90%，创建80个左右学习型乡镇（街道）。

要建设学习型社会，其重要的途径以及落脚点就是建设学习型城市、学习型社区、学习型组织以及学习型家庭。通过学习型城市的建立，不仅对城市的教育体系进行了完善，还带动了城市的经济发展和城市文明的建设。城市的整体发展对成人教育体系的建立与完善也有促进作用，学习型城市的建立是学习型社会建立的基础部分，为学习型社会的建立积累了经验。当前，我国构建终身教育体系和建设学习型社会的宏大历史任务已经被载入《教育规划纲要》中，努力办好人民满意的教育，已成为国家的战略任务。成人高等教育拥有较低的入学门槛、开放的教育领域、弹性的学习年限、广泛的教育对象及灵活的教育方式，具有很多优点，能够针对不同需求的学生，提供各种与需求相适应的教育服务，因而在建设学习型社会、构建终身教育体系的过程中作用自然无可替代。社会在发展，时代在进步，在这样的历史背景和社会背景下，成人高等教育必将面临新的发展机遇。

第二章 新时代成人高等教育转型的理论支撑与转型路径

教育活动需要人和社会的参与,人和社会也是教育开展的基石,人和社会、教育之间存在着复杂的联系,研究我国的成人教育问题,不能离开对人和社会的研究。在本章,笔者将从成人教育转型和成人终身教育理念为研究切入点,分别对教育、人、社会三个因素进行分析阐释,诠释我国成人教育转型的基本理念:成人教育转型是社会发展的必然选择,并且要终身践行教育理念。

第一节 社会转型理论及其转型路径

一、社会转型理论分析

社会转型指的是社会在发展过程中社会形态发生的质变或同一形态之间发生的质变、量变。社会转型是由社会政治、社会经济、社会文化、社会价值的变化引起的,社会转型概念最先起源于西方社会学和现代学理论,社会转型的结果体现为社会结构状态的转变或者过渡,这种社会结构的转变不是社会局部的转变,而是社会整体的结构性的转变,包括社会的运行轨迹、社会的利益、社会主流观念等,社会结构转变是社会转型的核心。

（一）组织与组织结构

1.组织

组织最初的定义是具有明确理性目的的协调统一的整体,且该整体具有结构化的特点,组织存在的意义就是为了目标服务。近些年,随着组织研究的深入,组织的界定变得模糊,专业著作也比较少,比较有代表性的是,E.费雷德贝格著,李友梅摘译的《组织概念质疑》中,在三个方面对组织概念的经典模式提出质疑:首先是由于限定合理性思想的引入,并对各个层次上的人的行动施加影响,从而使组织的合理性与情感性（即所谓的人类行为的非理性）之间相对立的这一事实成为可能。其次是由于一切组织都具有潜在的无秩序特征，从而使组织的真实运转与经典模式中假设的协调不相符合。最后是由于组织边际的人为特征，从而使寓于行动结构和行动范围的组织弹性得以显著表现。

2. 组织结构

美国学者弗里蒙特·卡斯特在其《组织与管理》一书中指出："组织结构是一个组织内各构成部分之间所确立的关系形式。"我国学者邹再华在其《现代组织管理学》中指出："组织结构是一个组织内各构成要素的排列方式。"孙彤在其主编的《组织行为学》中认为："组织结构是为了实现预期目标而用来连接组织中的技术、任务和人员的分工协作的手段。"齐高岱等在其编著的《成人教育大辞典》中指出："组织结构是组织中权力关系的结构形式，即决策中心与下属部门，以及下属各部门间的管理关系。"

组织机构具体包含的内容到目前为止，有两种观点，第一种观点认为组织结构包含正规部分和非正规部分，也叫刚性部分和柔性部分。其中刚性部分包含机构的设置职位、相关的法律规程、权利、网络沟通；柔性部分包括组织结构中的技术和社会心理。第二种观点认为：组织结构应该是由五个要素构成的，即平行部门或平行单位、职位任务和责任义务、纵的层级、领导机构以及临时机构。

虽然究竟何为组织结构，学者们尚未有一个统一的界定，但是对于某些组织结构的研究方向，研究者们达成了共识，主要有以下几方面：首先，结构理论研究的是组织的责任权利关系、分工协作关系、集权分权关系以及组织如何才能更有效；其次，组织结构是组织纵向的工作群体和横向的部门设置的整合；最后，结构是组织的框架，也是组织的基本形态。

综上所述，组织结构可以总结为三方面：首先，分工，也就是横向的专业部门；其次，纵向等级系统，也就是权利与职责的划分；最后，协调机制，也就是制度规则、网络沟通、程序等。除此之外，组织的结构是组织对外扩展力和对内张力的决定因素，与此同时，组织结构对组织的经济也有制约作用，对组织的管理成本有直接影响。

（二）高等教育组织结构

高等教育组织结构具体指的是在高等教育系统内部各个组成要素以及要素之间的协作方式。高校教育的管理者，借鉴了社会其他管理的方式，对高校的组织结构提出了三种形式，即事业部结构、混合结构以及矩阵结构，其中事业部结构的代表是美国加州大学；混合结构的代表大学是日本筑波大学；相比之下，矩阵结构是一种普遍的组织结构形式。矩阵结构适合具有很多校区的大学、综合性大学以及巨型大学等。矩阵结构在大学内部应用时，主要以三种形式存在，即大学内矩阵结构、大学间矩阵结构、大学和企事业单位矩阵结构。在应用矩阵结构时，应该根据学校的实际情况，因为学校的组织结构除了受到规模和科目的影响，还会受到当地的环境、政策、技术和文化的影响。如果学校规模小、设置课程简单或者学校的教学任务简单、社会服务功能单一，那么就不一定适合组织结构模式，除此之外就算学校规模大、科目复杂，也不一定完全适合以上组织结构。基于对大学组织结构有影响的因素过多，也有专家将组织结构分为直线制、职能制以及直线与职能的结合直线职能制、矩阵制、学院制。

（三）社会系统论

自古至今，社会的发展都以系统为基础，从古代的天文、地理、农业、手工到现代的技术、网络、信息等，都是以系统为基础，系统理论也逐渐被认识和提出。在1911年泰罗发表了科学管理原理一书，提出了系统理论，在十年之后贝塔朗菲提出了系统论，在系统论中作者认为，系统有若干的组成要素，若干的组成要素有机结合，形成了一个整体，该整体也叫做系统，而且系统之间的要素具有独立性也具有关联性。

成人的高等教育组织结构和系统论是不可分离的，从整体形象来看，被管理的对象本身就是系统，具有动态性、非平衡性，每时每刻都与外在的其他系统产生关联。组织要素之间相互联系、相互依赖，组织的存在是为了更好地实现整体任务，通过建立组织形成整体，增加各个要素之间的相互协作、相互作用，实现 $1+1>2$ 的效果。除此之外，组织内部还形成了组织结构，基于组织结构的作用，保障了组织的正常运作。在组织中，结构有着重要的作用，结构关乎着组织的信息流通以及信息网络，保障组织的目标能够通过结构传达到组织各处，除此之外，结构也是组织力量的体现，即组织具有多少能量，能完成多大的任务。在成人教育改革的系统中，要想实现教育改革就要对改革系统中的要素进行改革，通过对要素进行具体的调整，以适应改革的需求，最大程度地完成成人教育改革，发挥系统的整体作用。

二、社会转型期的主要特征

我国社会现状是正在经历转型期，无论是我国的社会经济、社会政治还是文化都在历经转型期，整个社会形态也在由停滞走向改革、由封闭状态走向开放包容、由发展滞后走向发展前端。在社会转型期间，社会必然会出现很多矛盾，比如价值观、文化、利益、制度等，社会矛盾的出现，促进人们思考，促进人们的意识变化，从以前的传统固化、稳定不前、模仿趋同向创新创造、积极进取、多元自主转化。社会转型受到社会诸多因素的影响，比如千年形成的文化底蕴、经济、社会资源等，根据我们国家的实际情况与别的国家不同的特点，我们社会的转型必然是不同的，我国的社会转型期特点如下：

（一）社会转型的全方位与多维度特征

当前我国的社会转型以结构转换为核心，同时，带动社会运行机制的转轨、利益的调整和观念的转变等诸多因素的发展。

社会转型的全方位特征体现在：社会经济全方面地从计划经济机制、半自给自然经济向市场经济转变；社会产业全方面地从工业社会、村落社会向城镇转变；社会性质全方面地从封闭、半封闭的社会、伦理社会、单一社会性质向开放社会、法治社会、多元社会性质转变

社会转型的多维度体现在：从经济维度看转型是从苏联的社会主义模式向中国特色社会主义的模式转变；从技术维度看转型是从农业向工业的转型；从政府职能和行政维度看转型是从有计划的依赖型社会向市场经济的自主型社会的转变；从社会流动的维度看是从政府主宰模式向经济诱致模式转型。

（二）社会转型的递进与跳跃特征

从目前来看，我国的社会转型具有递进以及跳跃的特征。从我国1840年开始的现代化进程发展来看，我国的现代化进程经历了三个阶段：首先是从鸦片战争到1949年新中国成立；其次是新中国成立到十一届三中全会；最后是十一届三中全会至今。

不同的阶段，转型有所区别，主要体现在：转型速度、转型强度、转型广度、转型向度。从全世界范围看，就转型速度而言，中国落后于西方发达国家，我国将在未来加速发展。从我国国内的角度来看发展速度，在不同的阶段也是不同的，自从我国实行改革开放以来，发展速度大大提升，超过了改革开放之前的速度总

和。因此，现在我国社会正在经历前所未有的速度的转型。

（三）社会转型的深层次特征

当前我国的社会转型是把工业化、市场化和社会主义制度改革这三重社会转型浓缩于一个历史时代，在工业化与社会主义宪法制度的双重约束下进行的市场化改革。其次，当代中国社会是在政治、经济、文化、价值观念等方面发生重大变动的时期，旧的格局已经被打破，新的体系正在形成。整个社会不仅在经济上存在自然经济、工业经济和信息经济的并存和冲突，在文化领域也产生了传统观念、现代市场经济观念和各群体之间不同的思想意识的冲突。再次，当前我国的社会转型是同时具有政治主导型社会转型、经济主导型社会转型、文明主导型转型等内容，内生型社会转型与外生型原因等特征的社会转型。

（四）社会转型的复杂与长期特征

我国进入社会转型期，是一场复杂的整体性社会嬗变。我国的社会转型情况是复杂的，转型过程中，既有价值观的碰撞，也有生活方式的交替改变。社会转型既是一场结构的转变，也是人们日常生活行为和方式的改变。在当前我国社会正在从传统走向现代、从计划经济走向市场经济，二者同时并进，纵观世界其他国家的发展历程，这种社会转型与体制改革同时并进的现象是非常少见的，二者的同时并进必然会带来社会上矛盾的出现、结构的碰撞、利益关系的交错以及体制的改变，甚至是世界上其他文化思想的冲击，而且这一过程将是复杂的长期过程。

三、社会转型期对成人高等教育办学实体的新要求

我国当前的社会转型是由僵滞走向变革、由封闭走向开放、由落后走向文明的现代化过程，在这场空前的社会变革过程中，涉及政治、经济、文化等各领域的全面而深刻的变革，是从传统社会向现代社会的转型，其特点表现为从小农经济向社会主义市场经济的转变、从农业社会向工业社会的转变、从人治社会向法治社会的转变、从封闭社会向开放社会的转变，最终目的是迈向现代化。从社会转型期所表现出的具体特征可知，这一变革既为我国成人高等教育的发展提供了人力、物力、财力等方面的保证和支持，同时也对成人高等教育办学实体的发展提出了多重要求。

（一）以市场需求为导向

社会转型首先是从经济系统开始的，我国的经济由传统的计划经济向市场经济实现了转变，市场经济的建立健全对我国的社会经济关系以及社会结构产生了深刻的影响。比如社会从整体向个体发展；从他律向自律发展；从身份向契约发展。成人教育在办学时，虽然不同的学校之间所有制性质不同，有的是公办，有的是民办，但是在市场经济体制下，学校之间的生源获取、教育政策执行以及法律法规面前是平等的关系。因此，在市场经济体制下，竞争关系成为成人高等教育办学实体之间的一种最主要的关系。

市场经济体制下，生源的自主选择机制成为成人高等教育办学实体之间竞争的前提。学员自主选择学校的权利使办学者想方设法利用自己的优势吸引学员。生源的竞争也就成为各种竞争的核心，其他的竞争都围绕生源竞争展开，为了各自的生存与发展，各实体之间在相关办学权（以专业设置、办学层次、学制为甚）、生源、招生计划、办学资源等领域产生了竞争。根据要求主动适应市场经济的要求，以满足本国社会、经济、科技、文化和国家综合实力提升的要求，也满足生源对教育的多样化需求的办学实体才可以在竞争中占据优势，因此，调动成人高等教育办学实体的办学积极性，使其以市场为导向调整成人高等教育学科专业结构和地区结构，成为成人高等教育办学实体增强竞争力的砝码。

在成人高等教育学科专业调整方面，要适应市场经济对于人才的需求，根据产业结构的调整，满足新产业、新工程的要求，及时增设与之相应的新学科专业，对那些社会需求量较少的学科专业，逐步减少招生乃至停止招生。此外，对于各学科专业间所占的比例也应立足于市场需求做出合理调整。在成人高等教育布局结构调整方面，由于我国成人高等教育的地区发展不均衡，东西部差距很大，加大西部落后地区成人高等教育的发展力度应成为转型期成人高等教育的一大努力方向。

（二）为工业化进程服务

我国由农业社会向工业社会转型，最突出的特点是农业在产业结构中的比重大幅度下降，工业和第三产业的比重上升，随之引起的是我国大量农村剩余劳动力向第二、三产业转移。然而，广大文化素质相对较低，专业技能匮乏的农村剩余劳动力的转移方向、程度与范围都是有限的，这在很大程度上阻滞了我国工业化的进程。因此，中国成人高等教育的发展，在实践上必须为工业化的进程提供有力支持，必须在工业化的背景下对成人高等教育办学实体的发展重新进行价值定位。不同办学性质和水平的成人高等教育办学实体利用自身的优势办出特色，在此基础上实现相互之间的优势互补，使各办学实体产生互利共生的合作愿望。

在农村剩余劳动力向工业转移的过程中，首先要对劳动力进行必要的技能培训，在培训过程中，成人高等教育应该从教学内容、形式、管理、师资等各个方面考虑劳动力的实际需求。根据劳动力的特殊需求，培养他们的专业技能，通过学习获得在工业化背景下工作的能力。对剩余劳动力的教育办学不仅能提升劳动力的专业技能，还能满足我国工业化发展对劳动力的技术要求。其次，我国的工业化道路有我国的特色特征，既注重效果又注重环境保护，主要表现为在效果方面，高科技、高效益、高就业；在环境保护方面做到低能耗、低污染。针对我国在职人员文化程度水平不能与工业化发展程度相匹配的现状，要求成人高等教育办学实体一方面要挖掘自身潜力，吸引更多生源，继续搞好成人高等学历教育，为国家培养高级专门人才；另一方面，要避免"唯学历论"，在开展成人高等学历教育的同时，应主动与社区、街道、其他成人高等教育办学实体、乡村联合，大力开展非学历教育，对于在职人员、城市下岗工人进行岗前培训、岗位培训、职业技能培训、知识更新培训和提高培训，搭建起成人高等教育"立交桥"，实现成人高等教育的多功能服务。

（三）满足城镇化的发展

在城镇化的发展过程中，许多农村剩余劳动力向城市发展、向城市流动，劳动力的流动，对农村与城镇之间的差别问题提供了新的解决方式，但是与此同时，农村问题也直接随着劳动力的流动转移到城市中来，在劳动力转移后，城市面临着以下问题，如何让农民从劳动力融入城镇群体；如何避免劳动力成为城市社会底层的新组成部分；如何防止劳动力被孤立；如何解决农村过剩劳动力与城市劳动人口的就业竞争；以及由于就业竞争所导致的社会整体工资水平降低；以及工资降低所导致的城市底层人口数量增加和社会资源的占比降低等。农村过剩劳动力向城市迁移的过程中存在诸多问题，问题如果不得到有效解决会影响可持续发展。

教育与城市发展之间存在着必然的联系，而且呈现正相关性，也就是教育发展得好会促进城市水平的发展，城市发展的需求和水平，也会影响教育的发展方向。二者之间存在正相关。同样的，成人教育与城市之间也是正相关的关系，在发展较好的城市中，成人教育与城市化发展必然是高度吻合的，因此，对于成人高等教育办学实体来讲，城市（城镇）成人教育办学实体接过农村成人教育办学实体的接力棒，采取有力措施，完善自身相关配置，为农民工提供教育培训，让他们适应新的岗位，脱离贫困化，为他们提供行为规范教育、文化休闲教育，使之顺利完成由农民向市民的角色转换，更好地真正融入城市，换言之，为这部分社会基层成员配置充分的教育资源，成为其重要的课题。

（四）追求多元与开放性

联合国教科文组织《学会生存》中指出："教育的正常顶点是成人教育"，成人高等教育是终身教育体系中的最高层次，它的发展情况好坏和质量高低在一定程度上反映一国教育科技文化水平的高低，并标志着教育是否处于领先地位。随着中国与世界各国经济往来更加密切，中国的高等教育将更加开放，不仅本国成人高等教育资源要输送出去，也将引进外国优质成人高等教育资源。

对于不同的成人高等教育办学实体，存在着办学力量的差异，具体体现在：学校教师师资力量、学校科技研究水平、管理水平、学校办学特色、学校社会网络资源、办学资源、办学层次、生源水平等。不同的成人高等教育办学实体具有不同的办学优势，在办学过程中，应该根据不同学校的不同优势，打破发展界限，通过协调合作，吸取其他学校的办学优势，借鉴和互补其他学校的发展所长。通过协调合作，增加学校自身的办学优势、办学效率和办学活力，突破学校实体类型之间的界限，建立起沟通的桥梁，通过有效合理的沟通，避免学校发展的封闭和固化，通过教育开放，在竞争中互补，在互补中共同提高，充分实现教育资源的社会共享。

随着成人高等教育的发展，社会力量也逐渐被成人高等教育所关注，对于教育本身而言，教育需求的资源有一些是公共品，有一些是私人品，有一些既是公共品属相也是私人品，也就是说在这种情况下，提供教育资源的提供方既可以是政府也可以是教育市场。从全球范围来看，世界上的很多国家都实行了政府教育与非政府教育市场的服务体系。在当今的中国社会，教育的发展日益快速，对教育资源的需求也越来越大。在这种情况下，政府的公共财政资源，满足不了教育的人力、物力和财力的需求，尤其是高质量的教育和高层次教育的需求，因此，教育的发展越来越重视社会力量的加入，越来越希望教育市场的建立健全。就我国现在的成人教育需求来讲，成人教育除了政府办学之外，还应该开展企事业单位联合办学、社区联合办学、社会其他民主党派联合办学、公民个人办学以及中外企业联合办学等各种各样的办学方式。从而实现相对于单一的各级人民政府办学而言的办学实体多样化。

（五）追求可持续发展的道路

在社会转型期，科学技术迅猛发展，经济和社会的变革加速，人们的职业变更和社会流动日益加快，人们自我完善，发挥自己潜能的愿望日益迫切。在这种形势下，传统的职前学历教育已远远不能满足经济、社会和个人的需求，于是终身教育的理念应运而生。作为终身教育重要载体的成人高等教育毫无疑问地处在了终身教育的中心位置上，同时，国际21世纪教育委员会向联合国教科文组织提交的报告《教育——财富蕴藏其中》一文，其序言的开篇就强调指出："教育在人和社会的持续发展中起着重要作用"，并将教育作为"人的持续协调发展"的条件。因此，在社会全面转型的态势之下，对于成人高等教育办学实体来讲，必须用终身教育理念来加以构建，坚持走可持续发展的道路。

走可持续发展的道路，必须要解决成人高等教育办学实体非营利性要求与功利性需求的矛盾。《中华人民共和国高等教育法》第三章第二十四条明文规定："设立高等学校，应当符合国家高等教育发展规划，符合国家利益和社会公众利益，不得以营利为目的。"根据国家的教育法规定，明确表明了教育的发展，不以营利性为目的，属性是非营利性。与此同时，在我国第九届全国人大常委会会议中，决议通过的《中华人民共和国民办教育促进法》中，也对民办教育作出了其他规定，规定表示，民办学校举办者可以对学校办学时投入的资产和国有的资产、收到的捐赠的资产和办学过程中的累积资产享有法人财产权。除此之外，在该促进法中还对民办教学的资产做了其他的补充，促进法认为，民办学校的举办者在满足学校发展成本所需和发展基金预留、其他国家相关规定需要预留的费用之后，可以从学校的剩余资产中获取合理的回报。该促进法明确了也肯定了民办学校的法人可以通过合法的方式获取收入。除了民办的学校，公办学校在教育收入支配方面，因为教育收入是国家明确允许的自筹经费的一种，所以公办学校享有经费的自由支配权。

因规定明确可以获取合理收入，所以在当今的市场经济环境下，教育逐渐有产业化趋势，成人高等教育的办学目的带有功利性。许多学校比如函授站、教学班、电大分校校区、相关工作站等在办学时已然将经济作为学校的办学驱动，为了尽可能多地获利，学校基本上从两个方面入手，首先是尽量地减少办学所需要的经费开支，从成本上盈利；其次是通过扩大学校的规模增加生源，从而增加学校的盈利，因此以经济为学校办学目标的学校，经常想方设法地减少学校的教学支出，更有甚者只收钱不授课；还有很多学校在生源获取上无所不用，扩大招生的同时也提高收费标准。综上所述，利益与办学的非营利性之间出现了矛盾，所以，要保证成人高等教育办学实体的可持续健康发展必须解决办学实体间非营利性要求与功利性需求的矛盾。

同时，成人高等教育办学实体在人才培养上要走出有限的圈子，从一次性的再教育向多次循环往复的终身教育发展；运用可持续发展战略处理成人高等教育的应用性、灵活性与作为教育的培养素质的全面性、稳定性的矛盾，将二者调适到最佳状态；必须找准成人教育与经济、社会和科技发展的结合点，以获得大量的生源。现阶段成人高等教育的一项重要工作就是与社会结合来获得生源。因此，继续教育与岗位培训是成人高等教育可持续发展的必然选择。成人高等教育作为终身教育体系中重要的环节将担负起前所未有的巨大的岗位培训和继续教育任务，从而获得广泛的潜在生源和无限的发展空间，并由此找到真正的落脚点，不断走向成熟。

四、社会转型期成人高等教育办学组织结构改革的原则与策略

我国成人高等教育办学实体为适应社会转型期的要求，其发展应以市场需求为导向，为工业化进程服务，满足城镇化的发展，追求多元化、开放性和可持续发展的道路和坚持法制化建设，为了实现这些目标，在社会转型的关键时期，我国成人高等教育办学实体必须变革僵化守旧的组织结构，优化组织的办学效能，并借助科学的组织结构改革原则，增强办学实体的竞争实力。由于组织结构方面发生的改变，是成人高等教育办学实体做出战略调整的重要体现。在应对转型社会充斥的激烈竞争和风险事件时，缺乏服务意识的旧式官僚组织，既无法适应外部环境日新月异的变化，也不能实现重要信息的灵活传递，这使得改革成人高等教育办学实体的组织结构，显得既迫切又必要。

（一）社会转型期成人高等教育办学组织结构改革的原则

面对日益多变的社会外部环境，组织结构的变革已成为提高社会组织应变能

力的一种重要手段。这种世界性的组织结构的变革趋势，不可避免地影响到我国成人高等教育办学实体组织结构的变革。我国成人高等教育为实现充分发展，必须考虑到成人高等教育办学实体发展战略与社会转型期的匹配、成人高等教育办学实体组织结构选择与社会转型期的匹配，从而获取持续竞争力。因此，本文提出我国成人高等教育办学实体组织结构在现阶段所遵循的选择原则：

1. 服务导向的原则

教育实体的常态化运转，与提供有形产品的企业不同，前者应该更注重服务带来的潜在效益。对于已经参加社会工作的成年人，当这部分人员有继续进修的想法时，可以通过各种途径获得接受成人高等教育的机会，而这部分人员就是我国成人高等教育办学实体所要服务的现实对象。服务必须指向特定的对象实体，国家为劳动人民服务，医院为就医患者服务，高校为莘莘学子服务，餐馆为就餐客人服务，商场为购物顾客服务。在社会推行市场经济的大环境下，这种为了满足特定群体某种需要的活动形式，具有决定组织生死存亡的特殊力量。

由此可见，处于社会转型期，作为走向市场的成人高等教育，面对众多不同需求的受教育对象，其办学实体组织结构在运作过程中，也必须遵循服务导向原则，以期获得较高的"顾客满意"率。我国大部分成人高等教育办学实体对其服务理念理解得不够深刻，尚没有实现"顾客至上"。而真正作为一个以服务为导向的组织，在对组织的所有资源分配上，都是以"顾客"为准绳，在组织结构设计上就体现出这种原则，成人高等教育组织结构的设置要有利于办学实体服务功能的发挥。因此，成人高等教育办学实体在传统的职能型结构基础上，要尝试增加一个以"顾客"为单位的垂直指挥链，对"顾客"的要求都能做出快速反应，并且针对不同"顾客"提供不同的教育服务，使得顾客满意度非常高，真正体现出顾客至上。这些"顾客"对成人高等教育的满意，也就意味着成人高等教育办学实体获得了社会和经济的双重效益。

2. 综合匹配的原则

成人高等教育有多种实施形式。常见的成人高等教育实施形式有借助网络进行远程在线授课，针对参加成人高考取得函授本科就读资格考生实施的集中授课，组织自学专业课程的社会人士参加相应的考试，指导注册广播电视大学或国家开放大学的成人完成相应专业课程的系统学习。为了提升成人高等教育实体的运行效率，在确定相应的组织结构之前，需要明确成人高等教育办学实体的类型。目前，成人高等教育实体在选择适合自身的组织结构时，通常会遵循综合匹配的原则，在具体情况具体分析的基础上，再做出科学合理的判断。此处需要特别注意，综合匹配原则不仅是静态的匹配而且是动态的匹配，成人高等教育办学实体在不同的发展阶段应该采用不同的组织结构。社会转型期所带来的外界环境的变化，使传统组织结构面临着越来越多的挑战，必须进行相应的变革。

另外，综合匹配原则不仅指组织结构要与环境、组织特性匹配，同时组织的其他要素也要与之匹配，例如，网络组织结构作为信息时代和知识经济时代的产物，成为众多组织所选择的结构模式，但并不一定适合所有成人高等教育办学实体：没有相关的战略合作伙伴、没有一支成熟的管理队伍、没有一套完善的评核系统、没有信息技术的介入、没有对市场准确的预测和一定的控制能力无法成功运行网络结构。因此，坚持综合匹配原则对于现阶段我国成人高等教育办学实体组织结构尤为重要。

3. 以人为本的原则

20世纪30年代初期，在美国芝加哥霍桑工厂进行观察实验的梅奥教授发现，当工人受到额外的关注时，会付出更多的努力，从而导致工作绩效显著提升。由这次实验得到的霍桑效应，丰富了以人为本进行科学管理的理论基础。当基层员工不再被视为仅仅服从命令、接受支配的工具时，人的价值、自主性以及劳动与管理技能，就会得到充分体现。遵循以人为本的原则改革成人高等教育办学组织结构，对于这类办学实体实现自身管理行为的规范化发展，无疑具有十分重要的现实意义。

当代社会将人作为最重要的生产要素和资源，重新审视人的地位和作用，充分发挥人的积极性、主动性和创造性是现在乃至今后管理领域所要研究的永恒主题。成人高等教育办学实体组织结构的建立应以合理使用安排人员，注意满足人的需要，激发人的工作主动性，善于利用集体的智慧和力量，重视发挥人的创造性和积极性为基础，遵循人本原则。反对那种只重视机构、章法、权力、技术的应用而不重视人的错误认识和做法。如果不采取人性化的管理方式、组织方式，就会影响组织成员的创造性与求知欲，使追求真知的精神受到约束。只有给基层员工以充分的权力，才能提高办学实体的市场应变能力。因而，通过面向基层决策权的下放，削弱中层管理者的权力，对员工充分授权，激发员工工作动力，培养员工自主工作与协调能力，由此管理者也不再充当发号施令的角色，而是与基层管理者及基层员工之间建立起一种新型的服务关系，使组织结构外形上更加扁平，从而实现充分发挥人的积极性、潜能和创造力的目标。

（二）社会转型期成人高等教育办学组织结构改革的策略

系统结构优化是增强系统功能的先决条件。科学的组织结构既能促进组织功能的充分发挥，又能提高组织的生命活力。人才是推动社会不断繁荣与长远发展的关键，而成人高等教育作为培养社会复合型人才的重要桥梁，具有结合理论与实践的先天优势。在当今世界朝着多极化方向发展的现实环境中，为了应对社会转型期的教育需求与影响，成人高等教育必须完成从时代需求到战略的抉择。组织结构将不再以过去的所有权、稳定性及控制力等原则为基础，如果管理仍然意味着监督、控制和操纵，它将会阻挠并打击信息经济中的自由性和创造性。为此，要重新审视和优化成人高等教育办学实体的组织结构，并且尝试从扁平化、柔性化、网络化、虚拟化及学习化等方面，较为系统地探讨当代成人高等教育组织结构变革的基本策略。

1.管理主体与权力重心下移，促使组织结构扁平化

由于传统的组织模式已经不能适应现代社会的发展形势，在探索新型管理模式的过程中，能够切实提高组织运行效率的扁平化管理模式应运而生。这种新型管理模式不仅简化了组织内部的职能结构，而且减少了很多不必要的中间环节。由于管理层次简洁明了，即使是基层员工也能享有组织的部分决策权，这使得结构紧凑又具有弹性变革空间的扁平化管理模式，成为组织实现人性化发展的动力之源。在20世纪80年代美国不少企业为了适应激烈的市场竞争，提高信息的传送速率和反应的及时性，已经开始对传统组织模式进行大胆的扁平化改革。

在社会转型期，基层员工的知识水平与综合素质有了明显提升，而互联网信息技术的迅速发展，则为组织成员内部的沟通与交流，创造了新的机遇。这是应用扁平化组织结构模式以后的成人高等教育办学实体，能够实现顺畅、高效运作的基本前提。一方面，基层员工独立自主完成工作的能力越来越强，而成人高等教育实体内部的工作人员，在知识储备与综合素质方面，与过去相比提升显著，这为管理员将管理权授予给能够承担责任与风险的基层员工，压缩组织内部的管理层次，提供了稳固的现实基础。另一方面，与时俱进的信息技术，正在破除组织内部不同部门之间的交流障碍。随着部门与部门之间的互动日趋频繁，业务融合与交汇的现象也变得越来越普遍，组织不再需要基数庞大的部门助理人员。在

网络技术的支持下，管理者可以直接同基层员工建立有效的沟通与对话，并下达命令指挥基层员工立即采取行动。这种管理层次压缩后形成的短链结构，对于组织实施扁平化的管理模式，以及管理效能的大幅提升，无疑具有十分显著的促进作用。

高度的集权化是层级组织的典型体制特征，而扁平化组织结构则更注重权力的分散与下移。简化后的管理层次，对于信息在不同部门之间的高效传递大有助益，这使得成人高等教育实体，能够更加敏锐地感知来自市场与社会的细微变化，从而促使组织能够避免做出不利于自身长远发展的政策与决定。被管理者赋权的基层员工，在工作的种类、方式与内容方面，拥有更大的自主选择权利。基层员工通常会结合自身的专业优势，利用组织提供的发展空间，以更加积极的姿态，推动组织的长远发展。伴随着基层员工的潜能发挥与价值实现，扁平化组织结构的优势也开始逐渐显现。面对社会转型带来的各种不确定因素，传统的组织结构与运作理念已经不能适应时代发展的步伐，而扁平化组织结构的权力下移，使得基层员工的人性光辉与人格魅力被重新发现，挖掘基层员工的潜在价值，重视基层员工的现实需要，为基层员工的才华施展和学习深造提供良好的机遇与合适的平台，是新时代组织与员工实现双赢发展的根本保证。

2. 弱化结构的刚性，促使组织结构柔性化

组织结构的刚性，是指组织一经设立，就会在相当一段时间内保持不变，表现出相互制衡、整体联动等特征。我国许多成人高等教育办学实体的层级结构便是如此，权力过度集中于中高层管理者手中，基层管理者及员工几乎没有任何自主决策权，这在外部环境比较稳定的情况下是有其合理性的，被视为组织规范化管理和高效率的保障。

随着我国市场化、工业化、城镇化的发展，新知识、新信息、新产业层出不穷，任何事物的发展都变得难以预测，成人高等教育应更加致力于追求多元、开放性。这种刚性在很大程度上成为组织僵化与迟钝、组织交易成本增加、难以顺应环境等弊病的根源所在。如组织成员懒于进取和变革，一切按部就班，缺乏革新意识，对外部环境变化的发展趋势及竞争态势反应迟钝，甚至无动于衷等。长此以往，成人高等教育办学实体将难以长期存续。因此，以往成人高等教育办学实体在静态假设下固定、正式的刚性组织结构已经慢慢变得不适应当今的形势，作为服从战略转变的成人高等教育组织结构，其职权关系也不得不加以重新审视

和调整才能适应发展的变化，组织结构柔性化应运而生，建立能适应内外部环境变化的柔性化组织结构成为现代成人高等教育组织结构调整的又一基本方向。

在传统的组织结构中，相关部门的正式设立，由于物资耗费极大，而且人员安排已经到位，如果没有特殊情况，这类部门通常会实现自身的固定化发展。但是，转型社会需要更加柔性化的组织结构，这就使得以完成临时性任务为导向的项目团队，可以替代正式的组织部门，在合理配置资源的基础上，实现组织因环境变化而有所调整的预定目标。

组织机构的柔性化发展与变革，需要注重动态性与稳定性的平衡和统一。以成人高等教育办学实体的组织结构为例，负责完成常规任务的部门通常比较稳定，而为了处理临时事务随时组建的项目小组，则具有柔性化组织结构的灵活特性。身处竞争白热化的教育市场中，面对受教育群体的多样化学习需求，成人高等教育办学实体必须善于组建人才结构合理的项目小组，并借助组内成员丰富的工作经验和技能优势，完成组织部门无法处理的特定任务。由于项目小组能够取得更好的办事效果，在日新月异的市场环境中，这种可以迅速组建、及时调整、随时解散的团队形式，比结构刚性极强的传统部门，更容易适应全球化发展的时代潮流。

3.运用信息化优势，促使组织结构网络化

传统的成人高等教育办学实体所具有的"大而全""小而全"的组织形式，因其有限的资源和能力已不适应全球化的竞争，正在面临优势丧失的尴尬处境。伴随着计算机网络通讯技术的飞速发展，教育组织在资源整合、生源开发和就业培训等方面，正在拥有灵活创新的无限可能。成人高等教育办学实体选用网络化的组织结构形式，可以破除部门之间的交流障碍，实现知识的快速共享与信息的高速传播。具体来说，借助知识经济时代的信息化优势，促进组织结构的网络化发展，需要明确以下四种趋势：

（1）形式集团化。随着经济全球化和市场化的趋势，企业集团、企业战略合作伙伴、企业联盟大量涌现，这使得众多企业之间的联系日益紧密起来，使组织结构呈现出明显的以横向一体化为特征的网络化趋势，这给予成人高等教育办学实体以极大的启示。在社会转型期，以开放性作为自己的基本追求，成人高等教育办学实体之间应打破地区之间、国家之间、行业之间的边界限制，将触角伸向世界的各个角落，在自发的市场机制的作用下，在全球范围内寻找合作伙伴，共同开发新的教育市场、新的教育培训项目。这样不仅扩大了办学实体的规模，而且利用共享的生产要素，在联合办学的形式下，实现资源的优化配置，以取得所有单个办学实体所不能取得的联合效益。

（2）经营服务方式连锁化。很多企业通过发展连锁经营和商务代理等业务，形成了一个庞大的销售网络体系，使得企业的营销组织网络化。那么，对于成人高等教育来讲，如果将接受了教育培训者比作商品的话，那么就业服务网络就是销售这些商品的主渠道，为接受教育培训者提供全方位的就业服务，可以促进广大受教育者，尤其是在城镇化进程中的广大农民工对教育培训的积极参与。

（3）内部组织网状化。成人高等教育办学实体组织架构日趋扁平，管理层次减少，跨度加大，组织内的横向联络不断增多，内部组织机构网络化将日益形成。网络化结构是一种多中心结构，可以方便地随决策分散化程序而形成多个信息中心，适应决策分散化的要求。纵横交错的信息通道可以把组织内外的信息联为整体，避免信息割据、信息扭曲等倾向，为分权化决策创造条件。网络化信息结构成为一种符合管理决策分散化的信息结构。

（4）信息传递网络化。随着互联网的广泛应用和信息技术的进一步发展，网络教育、远程教育成为保障成人高等教育顺利实施的有效途径，它突破了教育环境的时空限制，为成人接受教育打开了方便之门，拓展了传统教育模式下的狭小空间。由此可见，只要在相关法律、法规和制度的监督下，成人高等教育办学实体组织中的员工也无须在固定的时间、固定的场所去完成固定的工作，也无须面对面去进行工作协商和工作汇报，只要能在上级领导规定的期限内完成规定的任务。上级对执行者任务进度和完成结果的监控完全可通过内部的互联网络进行，这种工作方式的变化使得组织结构日益呈现出网络化趋势，带来了管理效率的极大提高。

4. 组织虚拟化功能，促使组织结构虚拟化

为了增强组织在复杂经济环境中的应变能力，自改革开放以来，在电子通信技术的支持下，虚拟化的组织结构，成为教育实体应对市场竞争、满足受教育群体多元需求的重要选择。作为最受欢迎的战略技巧，组织结构的虚拟化意味着教育实体仅仅保留核心竞争力最强的部门，而将其他的业务活动借助合同移交给相应的社会团体完成。灵活的运作方式，丰富的活动内容与广泛的合作伙伴，使得虚拟化的组织结构形式，已经成为西方发达国家普遍采用的管理手段。

目前，西方发达国家的各级、各类、各种规模力量、各行业公司之间都出现了虚拟企业组织结构的应用趋势和应用需要。成人高等教育办学实体陈旧的组织结构，已经丧失对教育市场日新月异变化的敏锐感知。由于各个职能部门的独立运作，这种重视组织实体功能的结构形式，在任务执行方面，正在暴露出越来越多的弊端。

成人高等教育办学实体面对日趋激烈的市场竞争，必须增强自身的创新意识，建立完善的管理体系，并借助雄厚的资金实力，满足受教育者多样化的学习需求。然而，成人高等教育的办学优势并不明显，而且普遍面临资源有限的现实困境，这使得成人高等教育办学实体只能在保留自身优势功能的基础上，借助外部力量促使组织结构虚拟化，并从中获得资源重组的机会，以便快速应对教育市场的环境变化。

网络化的组织结构并没有虚拟化教育办学实体的功能，这种内外统一的功能形式正是虚拟化组织结构致力于变革的关键所在。由于成人高等教育办学实体并不具备相应的资源优势和资金实力，只能在保留核心部门的基础上，将其他功能以合同形式外包给相应的个体或团体。这种无形与有形相结合的组织结构形式，能够实现教育办学实体内外资源的优势重整，从而将组织内部功能弱化的不利情形，转化为实体功能与虚拟功能协同并进的有利局面。受到全球化市场竞争机制的影响，孤立的成人高等教育办学实体已经不能独自承担组织运行的潜在风险。在这种情况下，只有加强各类教育办学实体之间的合作，携手开发教育培训与科研项目，共同培育健康的教育市场，并借助规模经济带来的资源共享优势，获取联合办学产生的规模效益，才能实现成人高等教育办学实体的长远发展。推动组织结构的虚拟化是时代发展的必然要求，这也正符合组织结构设置的初衷。

5.提升组织的核心能力，促进学习型组织建设

组织核心能力的形成，与组织内部知识的整合与积累密不可分。在竞争日趋激烈的转型社会，组织必须不断学习，才能防止竞争对手的模仿与反超。学习是组织核心能力形成的关键手段，通过不断地学习，组织可以获得更多的知识，并从中发现技能创新和知识应用的有效平台，进而能够适应不断变化的市场环境。成人高等教育办学实体对知识的获取与积累、创新与应用提出了更高的要求，为了把握竞争主动权，办学实体必须保持自身的学习优势，在与环境的有机互动中，

提高组织知识利用的效率。因而，知识经济时代要求组织结构变革应能促进办学实体的组织学习，提高组织的核心能力。

将组织内部的常态化工作形式与基层员工的不断学习相结合，借助知识的转化力量实现组织的管理创新，是学习型组织提高自身核心能力的关键举措。学习可以帮助组内成员活跃思维方式，并借助科学实验的方法，解决组织内部出现的各种问题；学习可以改变组织成员的知识结构、行为方式和理想信念，并为组织带来持续、强劲的发展活力，从而帮助组织适应不断变化的外部环境；学习可以促成组织的自我发现、变革与创新，并指引组内成员探寻生命的多种可能以及生存的现实意义。由于国内的成人高等教育办学实体正处在社会转型的关键时期，传统的组织架构与管理模式，已经无法适应时代发展的步伐，这就要求办学实体必须快速成长为学习型组织，通过学习发现教育机构创新建设与发展完善的本土化路径。

在创建学习型社会进程中，要求成人高等教育面向社会，教育机构和管理体制要适应科技的进步和终身教育的理念。但是，办学实体自身的独特属性，使得学习型组织的发展策略也不尽相同。文化悠久的办学实体，比较重视参培学员的学业水平和考试成绩；新近成立的办学实体，由于深受西方教育理念的影响，通常更重视参培学员的学习效果和日常表现；复合型人才领导的办学实体，善于借助外部的政策导向创新自身的组织结构；资金雄厚的办学实体，主张发展当地的特色文化；资源匮乏的办学实体，更倾向于加强与其他组织的合作，借助外部资源支撑组织的内部发展。这些办学实体虽然存在明显的差异，然而在建设学习型组织方面，却存在许多相似之处。比如，在组织内部推广终身学习理念，为组内成员匹配全程的团队学习伙伴，构建完善的学习体系，在组织内部营造浓厚的学习氛围，借助管理培训改变组内成员对学习持有的消极态度，提高组内成员的心智水平，引导组内成员积极思考问题，并在组织内部共同价值观念的影响下，实现对自我的不断超越。受到组织内部学习文化的浸润，组内成员的日常实践与学习反思活动，使得已经成长为学习型组织的办学实体，充满了无限生机与发展活力。在社会转型的特殊时期，成人高等教育办学实体面临着外部环境的不断变化和内部组织的结构调整，只有强化自身的学习能力，发展为学习型组织，才能适应知识经济时代的发展步伐。

第二节 终身教育理论及其转型路径

一、终身教育理论

（一）成人教育现状分析

1. 成人学历教育现状

（1）学生年龄日趋年轻化。1978年以后，我国逐渐进入社会主义市场经济的飞速发展阶段，私营、个体经济迅速兴起并蓬勃发展，各行各业面都临着人才极度匮乏的困境，加之当时的高等教育资源非常紧缺，成人高等教育作为普通高等教育以外的一种学历补偿教育，以其相对较低的入学门槛、更加灵活的学习安排，很大程度上满足了人们在不影响自身工作的前提下，利用闲暇时间接受高等教育，获得新知识和新技能的迫切愿望。在当时，能够通过成人高考，进入高校接受成人教育也是一种能力、知识、水平的体现，更甚至是一种荣誉的象征，是一件非常值得庆幸的事，因此很被人们看重。在此前提下，作为一种选拔手段——成人高考，一方面体现了公平公正的原则，起到了择优的作用；另一方面也有效地缓解了当时供需紧张的矛盾。成人教育既圆了许多人的"大学梦"，又有效地缓解了当时高等教育资源紧缺的巨大压力，同时，也在一定程度上扭转了当时人才极度匮乏的局面。因此，1987年国家明确了"成人教育是我国教育事业的重要组成部分，是当代社会经济发展和科学技术进步的必要条件"。

随着成人教育的不断发展，招生人数不断增加，招生规模急剧扩大，其与高等自学考试一起，共同把我国高等教育推向了大众化阶段。然而，1999年开始我国普通高等教育连年大幅度地扩招，成人高考报名增长人数也开始呈现出逐年减弱，近几年更是呈下降趋势，考生学历本科化倾向更加明显，年龄相比之下也更加年轻化。

由此可见，人们的心态发生了变化，学习对象和学习要求发生了转变，成人高考最初的环境也已经改变。在教育大众化阶段，年轻人追求的学历层次越来越高，获得普通高等教育资格的机会越来越多，难度越来越小。大批的高学历人才的出现，一方面对已经就业低学历人员的工作岗位构成了巨大竞争压力；另一方面在更大程度上挤压着同龄低学历人员的就业空间。因此，当前想通过成人教育取得学历的人大多数是近年来的高考落榜生和以前没有机会接受过高等教育的低学历已就业人员，成人高考自然而然成为了他们为了增强自身的职业竞争力、寻求心理上的平衡、努力提升学历层次的主要途径之一。然而，当前人们所关心的重点是能否尽快拿到学历，拿到的成人教育的学历是否被社会认可，这也是近几年成人高考报名人数逐年减少，考生年龄呈现趋于年轻化的主要原因。

（2）学习动机日趋弱化。学习动机是推动成人学习的原动力，具有激发、维持、强化学习行为以及学习定向的重要作用。为了解成人教育学生的学习动机和学习需求，课题组设计了《成人教育学生学习动机调查问卷》。在问卷设计的初期，课题组成员首先通过与部分学员交谈初步了解学习动机涉及的方面，同时借鉴同行已有的调研成果，设计了五个调查大项，即职业发展、求知兴趣、自尊的需要、朋友或家人的影响、单位的影响，考虑到同行研究中社交的需要所占比重较小且纯粹的社交需要也很难转化成强大的动机和动力，服务社会与其他项目有交叉的地方，为将其纳入到调查范围，除基本信息外，共设计了18个问题，每个问题以"没影响、影响较小、影响较大和影响极大"作为度量指标，统计时分别赋值"1，2，3，4"。

学员学习动机普遍存在弱化趋势。影响学员的学习动机的因素多元化，从每一大项选择影响较大和影响极大的人数比例来看，只有求知兴趣一项超过了50%，且各小项得分也均超过50%。选择自尊的需要和家人或朋友的鼓励为主要影响因素的人数仅为1/3强；职业发展的需要选项两成多，单位的影响不足两成。从项目赋值情况来看，求知兴趣2.56，比较接近影响较大；自尊的需要和家人或朋友的鼓励仅为2.1，影响较小；职业发展和单位的影响不足2，属于没影响范畴。换言之，某一单一的外在因素都不能成为影响学员学习与否的决定性因素，学员学习的坚定性、稳定性较差，带有明显的以自我为中心的功利性。

其原因主要有三个方面：第一，随着经济社会的发展，人们越来越认识到知识的重要性，认识到知识可以改变命运，所以比较重视及时充电；第二，由于社会职业岗位流动性较差，一个人一旦获得了某个职位，其稳定性足以支撑其自身的生活和经济需求，而其能否升迁或晋级的关键因素不是进修获得学习资历，换言之继续教育对其自身的职业发展影响不是很大；第三，成人的自主性比较强，除了最亲密的人的影响作用较大外，单位的影响力日趋减弱。

学习动机弱化的直接后果是：学生学习目标不明确，学习积极性下降，对授课内容和形式不感兴趣，只关注最终能否取得证书这一终极目标，学生缺课现象严重，考试作弊现象时有发生，教学管理难度加大，极大地影响了培养质量。

教学模式日显落后。多年来，我国成人学历教育深受苏联传统教学论的影响，把教学看作向学生传授知识、技能的过程，而忽略教学活动的复杂性、多层次性，把教学活动看作是孤立的变量关系，只是为完成教学目标而进行的一项技术操作。扩大社会本位的价值取向对教育的影响，在设计人才培养的规格和模式时，只考虑社会的需求和分工，导致在我国成人教育中，忽视了对学生主体的关怀和个性发展。

终身教育理念体现不足。学校教育向终身教育发展的过程，必然产生成人教育这种新的教育制度。通过这种制度能够有效地实现终身教育的目标。目前，我国成人学历教育机构主要有三种类型：独立设置的成人高校、普通高校的成人教育学院以及广播电视大学。一方面，它们组成了成人学历教育体系，成为我国高等教育大众化的重要组成部分，为我国迈入高等教育大众化的门槛做出了贡献；另一方面又受学历教育的束缚严重，不能很好地融入终身教育的大体系中去，不能摆脱学历教育的束缚，不能以大成教观来谋划成人教育、来参与成人教育，非学历的成人教育工作开展不到位，服务社区、服务基层、服务农村的意识不浓。

2. 成人非学历教育的现状

随着经济社会的迅猛发展，社会对非学历的成人教育需求越来越强烈。据《2013-2017年中国成人教育学校市场前瞻与与领先企业分析报告》显示："成人学历教育包括成人初等教育、成人中等专业教育、成人高中和成人高等教育。

当前是中国经济和社会发展的重点阶段，建设学习型社会是中国成人教育不可推卸的历史使命。在职工教育培训中，要充分发挥行业、企业的作用，为城镇职工及失业人员提供培训机会。对于农村劳动力来说，主要加强转移就业培训，这样才能提高农村劳动力的能力，从而合理有序地转移农村富余劳动力，推动农村劳动力优化就业结构，拓宽农民就业渠道，保持农民收入持续增长，缩小城乡居民收入差距。现在的农村劳动力培训需求很大，中国现有农村劳动力5亿人，接受过培训的只有1亿人左右。不仅接受培训的人少，培训的内容还不适应现代农业的要求。主要的表现有：投入少，培训内容简单，培训机制不完善，农民培训师资水平低，缺乏法制保障。与广阔的社会需求相比，高校现行的成人教育管理机制还远远不能适应这一要求。主要存在以下问题：

（1）定位不准，以赚取经济效益为主要目的。大多数高校都在开展非学历成人教育工作，但重视程度远远不够，基本上处于"创收性工作"的地位。主要原因在于高校对于职业教育的认识严重不足，错误地认为职业教育只是比较低层次的培训工作，有损于大学的形象。在这种认识的驱使下，通过开展"创收"为主要目的非学历成人教育所获取的经济效益往往大多都用于学校的其他方面，而由于成人非学历教育在学校发展战略上基本属于无足轻重的地位，对成人非学历教育在经费上几乎是"零投入"，放任其缓慢发展，甚至于任由其发展停滞不前也置之不理的局面，致使其发展情况不容乐观。

（2）管理较混乱，缺乏统一战略规划，品牌意识淡薄。在开展非学历成人教育工作的高校，以继续教育学院为主，各个学院各行其是，缺乏统一的战略规划和归口管理，工作混乱无序。即使有的高校进行统一管理，也存在权责不明的现象，造成高校非学历成人教育混乱的现状。有时甚至出现重复招生的现象，即相同的非学历成人教育项目在不同的学院同时、重复开展和面对社会招生培训的情况。

（3）专业课程设置不合理，不能适应市场需求，管理方式无序。很多高校是部属、省属高校，有固定的经费来源，各类职业技术学院和非学历成人教育机构不能与之相比。各高校对于非学历成人教育的管理和开展没有做任何市场调研，管理方式也比较传统，流程复杂，应变能力差，无法适应成人非学历教育的特点，不能短期、灵活。专业课程设置不能根据社会需求而调整，专业内容与实际脱节严重，教材脱离实际，没有更新。从而严重阻碍成人非学历教育的进一步发展。

（4）师资力量相对薄弱，专业技能水平有待提高。参加非学历成人教育的学员通常都是希望在较短的时间中掌握较为实用的知识或者技能，而不是接受理论化和科研化较强的按部就班的课程学习。现有高校的成人非学历教育师资大多来自本校专业课程教师，尽管他们在科研理论水平和教学能力上都有较高的水平，但由于他们以往的教学对象是全日制学历教育的本专科生和研究生，在这类成人非学历教育中，往往习惯性地重视理论性讲授，而忽视了成人非学历教育对象对实践性和应用性的需求。这些理论能力和科研能力强的教师在实践性技能水平上还有待于进一步提高，教学方法也需要进一步地改进和丰富，让他们在成人非学历教育的教学过程中能够做到理论联系实际，最大程度地为满足学员的需求服务。

在实际工作中，成人非学历教育与现实的要求相比，还有很大差距，既有体制的原因，认识的问题，也有成人教育机构自身的问题。

(二)终身教育的发展特点

当前,社会和个人生存与发展的基础就是终身教育,终身教育日益呈现出新的发展特点。

在资源配置上,终身教育走出教室,走向生活,重心也发生了转变,更关注学习者的需求,人们的学习与生活形成了有机的统一。

在教育目标上,终身教育的教育目标是分散式合作知识分享,消除全世界人们的距离,进行跨学科的终身教育,以人类的个体差异为基础,意识到同一地球相互依赖是客观必然的,从而进行全球化终身学习。

在组织形式上,不再科层固定管理,而变成弹性扁平制,通过弹性化组织教育,以非正式方式提供终身教育。

在实施载体上,由实体化转为虚拟化,利用互联网发展,与技术深度结合,实现全球范围内产生知识、信息处理与沟通技术成为生产力来源。例如慕课(MOOC)的出现。

在教育功能上,促进社会分工重新进行交叉和整合,重新建立教育各个方面、各项内容、各发展阶段之间的有机联系。

在教育理念上,终身教育理念哲学思想发展,教育内涵不断丰富,促进未来教育的丰富性。

新时期,终身教育显出新的特点:定位生活化、学习需求实质化、组织方式弹性化、发展目标合作化、活动范围国际化、实践主体团体化、实现方式制度化等。这些特点标志着终身教育的发展促进各国向学习型社会转变。在人类体验的共同学习和生活环境中,都延伸了终身教育。在可扩展、可选择的大教育环境下,终身教育便于学习,统一考量各类资源,学习已经深入生活各个角落,与工作紧密相连,教育与社会相联系,个人与组织相联系。可见新时期的终身教育推动了教育机会均等。同时终身教育是一种更广泛的知识体系,作为一个前提,解决了不同文化群体、不同地区之间的差异,打破了时空和对象限制,实现教育生活化,生活教育化。

(三)终身教育在我国的重要意义

现在,很多发达国家在国际竞争力的增强、社会发展的可持续化和人力资源开发上都充分发挥了终身教育的作用和价值。目前,从国内形势来看,社会经济发展和政治发展需要也是教育制度改革所要重点关注的问题。为此，国内的终身教育价值取向和发达国家是一致的，而且也是人才强国和科教兴国的战略目标的体现，能够有效地引导人的全面发展和学习型社会的构建等。不过受历史、文化发展的差异影响，国内的终身教育体系有其独特之处。

1. 提倡传统文化的人文精神

国内终身教育要始终坚持传统文化中的人文精神原则，从而形成中国特色化的终身教育体系。作为民族传统文化的载体，终身教育在文化的延续和文化的保持上都有着积极的意义。而且要和本土文化协调统一地进行发展和传承，任何脱离实际的教育都是不存在的，这也会促进教育的传承和创造。这是因为任何一个民族的文化都是基于一定的传统文化基础而产生的，只有充分结合自身实践和教育的双重作用，才能更好地实现对历史文化的传承和发扬。因此，终身教育的任务不仅仅只是对文化内容的传承，更重要的是弘扬一定的价值观、精神和思想等。

随着时间的推进和历史的发展，国内传统文化已经形成了一个内涵丰富的整体体系，它是中华民族价值观的体现和发扬，具有特殊的民族内涵。所以，对中华民族文化的优良传统进行传承和弘扬也成为了终身教育的主要任务。而且在中国民族文化的传承和弘扬过程中，终身教育在中华文化的创造和发展中占据了重要的地位。现在，我国正是转型的关键时候，人文终身教育和社会主义道德教育都将对中国的社会主义市场经济可持续发展产生重要的内动力。

2. 体现终身教育哲学的精髓

国内终身教育的思想历经几千年的发展，这在中国教育哲学中很早就有体现，因此它具有深厚的历史基础和理论基础。最早于春秋战国时期就由孔子提出了"吾十有五而志于学、三十而立、四十而不惑、五十而知天命、六十而耳顺、七十而从心所欲不逾矩"的终身学习的思想，孔子将终身学习习惯的养成看成是思想的最高境界。不过，在终身学习中也要对人的发展阶段、自身需求和所处环境的不同予以充分的考虑，因此人的发展阶段性和规律性也是制定终身学习目标的一个重要前提和基础。

中国教育哲学不但认为终身教育对人们的一生都有着积极的作用，而且还是基于人文精神和思想道德而进行的。它认为每个人都有接受教育的权利，并且要有学习的志向和持之以恒的毅力，在求学过程中要不畏艰难，不辞辛苦。《礼记·大学》中也为终身教育提供了理论依据，国人追求内外合一，这也是中国终身教育内涵的独特之处。

从时间的角度来看，终身教育是贯穿人一生的教育方式，而且在精神追求上具有无限的扩展性，其教育的主要目标是促进人的精神境界和整体素质的提升，是人的思想和行为方式的一种体现。通过对国内终身教育的发展历程进行分析和研究可以发现，中国本土的教育更注重对精神的追求，这也是中国终身教育有别于其他国家的一个独特之处。它不仅使社会教育体系的构建更加完整、系统，也对中国自古以来追求的思想品格、行为实践和民族精神进行了反映。这也是国内终身教育所具备的现实意义，代表了民族文化终身教育思想，是中华民族的核心所在。通过终身教育，让人们的精神境界得到提升，并可以充分挖掘出人们的潜在能力和价值等。

当前人们拥有了更加丰盛的物质生活，我国终身教育的主要义务和责任是如何将优秀的传统道德和人文精神传承下去。我国的终身教育应当朝着中华民族伟大复兴的方向努力。此外，还要以全民族文化的素质提高为目标，这不仅是一项终身教育的责任与义务，还能够有效推动民族振兴。

3.终身教育的研究方向

终身教育理论与实践机制十分庞大且系统，所以终身教育的研究方向应当有明确的指向性与针对性。

（1）对国外终身教育制定与衡量的标准进行研究。终身教育的发展不能仅停留在表面，而应当深层次地对国外的终身教育特点进行准确把握，对国外终身教育制定和衡量的标准深入研究，从而了解国际终身教育的发展规律并剖析其背后的原因和解决方式，从而将经验提供给我国的教育改革。

（2）掌握终身教育的逻辑体系。把解决终身教育面临的主要问题作为理论出发点，对终身教育思想的内容体系进行研究。以下三个方面是主要内容：第一，如今，经济发展已经进入了新的时期，中国特色的终身教育应当具有自身价值。国外的终身教育在这个问题上参照不同的出发点，在回应时应用了不同的方式和体制运作，社会本位和人本位价值观便包含其中。客观来看，对于终身教育的社会与主体价值，人们应当尽量地平衡协调，只有这样才能使社会与个人的发展需求得到最大限度的满足。第二，规划现在与未来的终身教育各方关系的"既成"与"可能"问题，如体制与结构、规模与质量、教育与社会系统等，进而推动终身教育的可持续发展。第三，对终身教育培养目标进行正确的认识，给予终身教育质量科学的评价。

（3）了解终身教育的需求。我国教育领域内的终身教育发展问题，绝不仅仅是入学时间年限增长，通过转换体制和模式来推动教育改革更主要。在控制终身教育入学上，最根本的问题是谁应该受到终身教育。由于终身教育整体发展背后受到市场与经济的控制，因此，物质的限制并不是终身教育拥有丰富发展资源时的第一限制，主要的因素转为价值选择。客观来看，终身教育的盛行，体现了社会对教育需求的转换，由过去的物质偏好转向了文化偏好，我国针对这种变化应当准确把握尺度。

（4）对终身教育的文化传统进行发掘。我国的终身教育受我国优秀文化传统的深刻影响，我国终身教育的发展特色和特殊性，主要体现在构建中国特色社会主义终身教育体系时的研究角度为传统文化，这也促使人们在对终身教育进行分析、研究和发展时，能够以中华传统文化为最初视角。

（5）重视农村的终身教育发展。所有的公民都应当是终身教育的辐射对象，但目前城市和城市型社区是终身教育研究的主要集中地，并没有将足够的关注引向农村和乡镇。终身教育既能缓解农民工的就业问题，还能够促使农民工学习知识，使其成为新一代的知识型农民工。

（6）开展终身教育研究。人类道德的发展与变化由社会动态发展和人的相对适应决定，终身德育的学习是人道德发展的基础。终身德育研究能够促进人类科学意识形态的形成。

二、终身教育的转型路径

（一）终身教育背景下成人教育转型理念

1.终身教育理念

一方面，信息更新换代的加剧，导致了知识陈旧周期的缩短，为此终身教育体系的建设也就更加重要，为人们提供一个超越时空限制的教育机会和知识更新机会也是势在必行的；另一方面，让学习者获得更多的学习机会也是学习型社会建设的核心内容，从而帮助学习者不受时空的限制随时随地进行学习，而且寻求最合适的学习方式和学习内容等，这都对全民终身学习体系的构建提出了新的要求。因此，传统学校的初等教育、中等教育乃至高等教育只能为人的一生提供基础教育，并在此基础上发展成人教育，这是一种具有持续性和长久性的教育方式，以满足人们终身学习的需求。所以，高校成人教育也需要不断地扩展其教育内容的时间性和空间性，从而为每个有志学习者提供公平的学习机会，帮助他们构建更新更前沿的知识体系，使其不断获得新信息，并能够处理新信息，在感觉到自身力量有限，需要充实自己的时候不断得到帮助，不断完善自我，使自己拥有更强的竞争力，以适应这个高速发展的时代。在整个人生历程中，每一个人都能自觉学习，不断进步，以提高工作质量，追求生活品质，获得完美生活，实现完美人生。

2. 大众化质量理念

学习型社会发展到一定阶段，就会促进高等教育大众化的发展，为了有效促进这一目标，就需要发展多样化的高等教育体系。大众化发展趋势既能有效提升高等教育的入学率，也能让高等教育的质量得到不断提升，当然也会对教育质量提出新的要求。随着教育和社会发展关系的日益密切，对教育质量的评价需要从社会发展的大背景中去衡量，这样才能更加科学、合理地评价教育质量。让学生的发展更加多样化、个性化也是大众化高等教育的价值和意义所在。

大众化时期拥有多样化的特点，主要包括：社会需求多样化、学科门类多样化、学校类型规格多样化、学员个性多样化，这些都决定了教育质量的多样化。因此，不同类型、不同层次、不同规格的学校应用具有不同的质量标准。所以必须要树立多样化的教育质量观，用不同的标准来衡量不同层次、不同类别学校或机构培养的学生质量。因而，普通高校成人教育必须将传统的教育质量理念转变为多样化、多层面、适切性的面向大众的质量理念，使人们可以在不同的质量规格上享受成人高等教育服务，得到不同程度的发展。

3. 以人为本理念

构建学习型社会，离不开个体学习者，满足众多积极的终身学习者的学习需求是构建学习型社会的首要因素。为此，成人教育应树立以人为本的理念，确保成人教育的具体实践操作层面紧紧围绕以真正促进成人个体发展为其主要目的的开展，以构建终身教育服务体系为最终目标。

以促进个体发展的角度为出发点来看，普通高校在组织成人教育教学活动的过程中，可以采取教师和学习者之间以平等的方式商讨教学计划，采用互提建议和共同决定的方式，以促使教师和学习者共同探讨、研究，有利于集中注意于对学习者具有特殊意义的问题。这样，一方面充分体现了每个成人学习者的主体性地位；另一方面也能够最大程度地调动学习者学习的积极性、主动性。在终身教育的背景下，普通高校成人教育就应该体现出其开放、民主、灵活多样的优势，真正做到以人为本，因势利导，促进学习者形成自身特有的生存、发展优势，培养其成长为具有鲜明个性特长的专业型、实用型人才，以满足当前社会经济发展的需要，进一步推动我国构建学习型社会的进程。

（二）终身教育背景下成人教育转型的原则

1. 人本化原则——成人教育目标的转型

成人教育主要是针对在职成年人开展的教育，它和普通学校教育有所不同，它不会限制受教育者的年龄，只要想学，任何年龄段都可以参与，这也是终身教育体系构建的一个重要方面。但是国内却往往认为成人教育只是学校教育的一个延续，并根据其专业、行业工种、岗位等要求来进行选择，也就是说对专业技能和科学知识的实用性比较重视，而对人的价值和生存意义、社会责任、道德品质等方面的需求关注较为缺乏，没有坚持以人为本的原则，因此赋予了其强烈的功利性和实用性特征。

国内经济的不断发展促进了各种新知识和新技术的涌现，人们所面临的生存和竞争压力也日益加大，这也是造成人们人格异化、情绪极端化和心情焦虑的一个重要原因，从而造成一定的身心伤害。所以在发展成人教育过程中也要重点关注这一现实情况，不能纯粹地以实用性和功利性作为发展成人教育的最终目标，更需要给人们提供新的知识和新的技能，从而帮助人们更好地适应日益发展的社会需求，并充分调动成人的创造性、主动性以及积极性，能轻松应对来自企业、行业以及技术上的要求，在工作上获得个人价值的体现。

在经济全球化背景下的今天，成人教育必须贯彻以人为本的育人情怀，转变固有目标取向，使作为社会主体的成人，在面临人类的生存前所未有巨大压力的情况下，调和自身的心态，缓减压力，增强竞争力的同时，勇于承担起更多的任务和社会责任。

2. 综合化原则——成人教育内容的转型

随着信息时代到来，科学技术的不断进步，新知识、新信息的更新速度加快，新产业层出不穷，任何事物的发展都变得难以预测，目前被普遍看好的专业乃至是职业，转眼之间，可能会不那么流行，甚至成为冷门。面对当前这样一个难以预测的职业前景，如果人的职业和专业像以往一样继续严格限制在一个很小的范围内，势必会难以适应。因此，成人教育必须顺应时代的潮流作出转变，要通过教育教学内容和课程的综合化，来进一步拓宽成人的知识面，提高其适应能力。

以往成人教育更加注重教育教学内容，比较强调"学用一致"的教学原则。然而，在经济全球一体化竞争日益激烈的今天，我国社会经济要实现持续高速发展，为了满足参与日益激烈的国际竞争的迫切需要，通过本科层次的学历教育、高级职业证书教育和高级研修课程教育等不同形式，培养大量的各级各类复合型、开拓型和实用型人才，构建综合化的成人教育课程体系。

在构建综合化的成人教育课程体系的过程中，要加强注重学历课程、职业证书课程与高级研修班课程的针对性。学历课程主要注重成人教育提高学习者理论文化知识的水平；职业证书课程要注重突出成人教育的实用性和针对性，必要的话，可以取代本科教育中的专业课教育；而高级研修班课程要着重增加理论知识和专门技术在课程内容中的比重，以满足后工业社会对科学理论知识和专门技术的需求。与此同时，还要注重学历课程、职业证书课程与高级研修班课程之间的衔接和相互补充，通过对这些课程进一步的优化组合，组建起新的课程模块，以满足成人教育发展的需要。

3. 多样化原则——成人教育培养模式的转型

由于成人教育具有不同于普通教育的复杂性和特殊性，所以必须要采取多种不同培养模式。在教学方法上，成人教育方法宜采用诱导式、启发式、咨询治疗式等教育方法。由于成人教育的对象具有相对成熟的智力水平，更迫切的社会职业需求，以及教育过程的终身性等多方面的特性，因而不能采用课堂灌输的传统方法。教师应保持和学生之间平等的对话关系，其定位应该是学生的朋友、建议者和咨询对象，而不再是传统的课堂讲授者。教师的主要职能应该是引导和建议，通过引导，让学生建立自主学习的机制，让学生学会认知、学会学习、学会做事、学会与人合作，要努力成为学生学习生活中的导师。在教学技术上，为了满足人们多样性的教育需要，应该广泛采用现代化教学技术和远程教育教学技术。

目前，大多数发达国家高校都为成人学习者开设了相应的远程教育课程，我国也已经有部分高校开设了远程教育课程。21世纪是信息时代，以网络为基础的学习必将成为成人教育的主要途径，远程教育也将是未来成人教育发展的重要方向。在信息化社会，网络信息技术是学习型社会的基础，因为现代远程教育具有覆盖面宽广、灵活便捷、渗透力强等特点，它能够使人摆脱在学习空间和学习时间上所受的种种束缚，给人们提供更多的学习机会，满足不同地域，不同时间人们对自身接受终身教育的需求，也为构建学习型社会、建立终身教育体系搭建了一个更加广阔、便捷的平台。

学习型社会是一个开放、灵活、发展、完备的终身教育体系，为每一个成员、家庭、组织提供多次多种受教育的机会和多层次、多样化教育服务的社会。成人教育必须适应学习型社会的需要，在变化中寻求发展，打破接受教育者受时间和空间的限制，使受教育者可以随时随地根据需求和自身工作的条件和特点获取所需要的知识，从而实现终身教育体系的构建，并在这个过程中使成人教育获得发展。现代远程教育技术将在终身教育体系中发挥越来越重要的作用，也必将成为构建全民学习的学习型社会的重要手段。

（三）终身教育背景下成人教育转型的措施

1. 明确自身定位，深化教育改革

成人教育实现转型，首先必须明确自身虽处国民教育体系，实则属于终身教育体系。终身教育作为一种新的教育理念和教育思想，其包括了教育的所有方面，囊括了正规和非正规教育教学以及技能培训的全部过程，打破了学校正规教育的固有框架，突破了学习期与工作期之间的时间界限，终身教育的过程实际上就是促进学习社会化和教育社会化发展的过程。

目前，终身教育理论已经得到了国际社会以及文化教育界广泛认同和接受。它不仅仅成为日益广泛的社会实践活动，而且成为当前引领世界各国教育改革和发展的理念与原则。联合国教科文组织国际教育发展委员会《学会生存——教育世界的今天和明天》的报告中指出，"教育过程的正常顶点是成人教育"，并指出要"建立一个不断演进的知识体系——学会生存"。通过对成人教育的研究可知，成人教育自身的特点同终身教育所具有的终身性、广泛性、多样性等特点在很大程度上是相吻合和一致的，其在终身教育体系中的作用是其他别的类型教育所无法替代和比拟的，成人教育发展的最高层次就是终身教育。

因此，成人教育要适应学习型社会的要求，追求自身的科学发展，必须以终身教育方针、政策为指导，按照"以成人学习为基点，以市场需求为导向，以有效质量求生存，以特色优长求发展"的基本原则，深化教育体制改革，转变原有教育、发展观念。办学思想要由重传统学历教育向高度重视非学历教育转变，办学体制要由计划向市场转变，办学导向要由学历向学力、普适向特色转变，办学

模式要由单一向多样、粗放向集约转变，办学主体由学校向学生、"教"向"学"转变。

在未来成人教育发展中，要以"大成教观"统领学校成人教育发展，在继续发挥成人教育在高等教育大众化中的分流作用，满足社会从业人员接受高等教育的需求的同时，进一步发挥成人教育非学历培训功能，承担起提高广大劳动者文化和技术素质的历史使命，使成人教育真正成为构建终身教育体系和学习型社会的重要基础和依托。

2. 增强专业队伍建设，注重成人教育研究

成人教育要实现成功转型，必须加强自身队伍的专业化建设。要严格选聘教师，完善双师型教师队伍的建设，保证师资队伍既要有丰富的理论知识，又要有高水平的操作技能。要凸显教师的"主体性"地位，充分激发教师的主观能动性，发挥出其教学、科研、实践潜能，激励教师自身对教学创新的积极追求。与此同时，加强教师间的经验交流，密切团队合作，从而提高成人教育的教育教学质量。

成人教育要实现成功转型，不但要具有专业化的管理队伍和稳定的、专业化的教学队伍，而且要建立专业化的研究队伍。在重视教育和管理质量的同时，强化学术研究。教师最主要的是，要停止对传授固定知识的强调，转而倡导培养学生不断获取知识和理解知识的能力。这个转变，意味着更强调学术研究的方法，强调论述和演讲以及掌握基本语言的方法，而掌握这些方法恰恰是获得大量知识的途径。具有研究能力的教师已成为现时期提升教学质量的关键要素。因此，必须重视教师科学研究素质的培养和创新能力的提升，摒弃目前成人教育研究存在的"理论研究多，实践研究少，微观研究多，宏观研究少，重复研究多，创新研究少，个人研究多，团队研究少"等弊端，增调实践意识、创新意识，大力支持自主研究与团队协作相结合，不断优化研究发展，建立科研平台，实施相应的科研激励体制和后勤保障制度，以为成人教育发展提供创新理论指导。

3. 灵活办学机制推进开放办学

传统成人教育往往以课堂教学作为主要办学形式，因其受时间、地点等条件的限制，学习的灵活性、自主性在很大程度上受到了限制。全球经济一体化高速发展的今天，成人教育要发展，必须顺应时代的潮流，创新发展思路，确立开放的办学理念，灵活办学机制，坚持大众化的办学方向。

以往成人教育的理念注重知识的系统性、完整性，强调表面上所谓的"质量"，

实际上由于制定的培养方案脱离岗位实际，课程设置注重理论知识，忽视实践教学，缺乏灵活性且考核方式单一，学习者的学习积极性不高，质量很难保证。树立大众化的质量目标并不是降低标准，而是针对学习者的学习兴趣和实际需求，打破传统的学科知识体系束缚，更加注重实践性、应用性知识与职业技能的培养，以提升学习者的职业岗位工作能力，满足其学习兴趣为目标，因人而异，适当降低理论课程的学习难度，从而增强成人教育的针对性和应用性。

确立开放办学的理念，开展多向合作办学。通过推进开放办学，寻求多向合作（校校结合、校企结合等多种形式），各取所取，互惠互利。不仅能在很大程度上弥补目前多数院校成人教育自身所面临的师资力量不足、教学条件及实习场地缺乏、教学脱离实际等众多困难，而且能够充分发挥自身优势，树立"品牌"，增强自身竞争力。利用网络教育的现代教育手段，做好由封闭式教育向开放式教育的转变，打造开放式教育平台，进一步提高成人教育转型的效益和水平。

4. 利用现代信息技术，推动成人教育网络化

随着信息时代的到来，网络和现代信息技术迅猛发展，并在各个领域中得到广泛运用，利用网络和现代信息技术为主要手段的远程教育形式越来越得到人们的认同。函授、自学考试、电大等传统的、单一的、封闭的成人教育模式已经不能满足信息化对成人教育的要求，为此，必须突破传统，加快开展多类型、多形式、多功能、多对象的网络化教育。通过开放的网络化教学不但能够跨越时间和空间的限制，满足广大学习者在不同时间和空间的不同学习需求，而且能够实现学习者个性化的独立学习和对知识的主动探索，有助于提高其学习兴趣和学习的自主能力。通过多样化的网络化教学能够降低成人教育对教学设施、师资等资源的依赖程度，进一步丰富教学手段，加大知识和信息量的传递，实现教育资源的共享，提高教学效率和教育资源利用率。

顺应时代发展的潮流，推动成人教育网络化，不但为更多的人提供学习的机会，满足新时期成人学习者不同的学习需求，而且有助于为广大学习者搭建一个真正能够做到人人能学、时时能学、处处能学的开放的、自主的学习平台，从而促进我国终身教育服务体系的建立，加快构建学习型社会的步伐。

5. 结合区域经济发展需求，突出自身特色

长期以来，成人教育的发展都具有很强的地域性特点，其与区域经济发展之间存在着密切联系。一方面，区域经济的发展是成人教育发展的基础，为成人教

育的发展提供良好的外部环境，加快成人教育的发展的步伐，实现规模效益；另一方面，成人教育的发展又为区域经济发展提供其所急需的专业人才和技术支持，缓解区域经济发展与人才不足的矛盾，从而促进区域经济的发展脚步，二者相互依存、相互适应。

因此，成人教育的发展必须结合区域经济发展的需求，根据目前本地区经济发展所需要的人才数量、结构层次，来决定培养目标的人数、学习内容、层次等。根据地区行业特点，由普适型向特色型转变，面向行业积极寻求校企合作、校区（所在地区）合作，以企业需求为导向，以服务区域经济为宗旨，以提高个人综合素质为目标，以质量为保障，扩大招生规模和调整专业设置，充分发挥自身重点学科优势，突出特色专业，学历教育与非学历教育"两手抓"，培养学习型人才又输出应用型人才，不仅满足区域经济发展人力资源的需求，而且使区域内人才资源得以有效的开发和利用，提高人才质量，从而促进区域经济加速发展。

第三章 新时代成人高等教育转型发展的范畴与策略

成人高等教育承担着传承文明、培养人才、创新科技和服务社会的重要职能，成人高等教育发展的转型同样需要有效的策略支持，鉴于此，本章主要围绕新时代成人高等教育观念的转型、新时代成人高等教育转型中需注意的问题、新时代成人高等教育转型的方向与策略、新时代成人高等教育转型的质量保障展开论述。

第一节 新时代成人高等教育观念的转型

各个教育主体是如何看待教育问题而形成的一种比较稳定的态度称之为教育观念，它是基于客观存在的教育事物和现象而产生的。不过却区别于一般的认识结果，其特殊之处体现在评价性和情感性上，它融汇了知、情和意。观念并非简单的认识，更是主体对客体的组织、构建和评价的体现，它是有目的、有意向、有价值性地去对客观现实进行改造的一种观念。教育观念包括了两个方面的内容，一是主体从什么角度来认识事物，二是对应当从什么角度进行认识，这也是由客观事物和现象所决定的，既具有事实判断的成分，也具有价值判断的成分，展示了主体自身的精神追求，并对教育实践产生积极的作用。

教育观念对教育变革的作用是不可忽视的，这也是由教育观念的独特之处所决定的。一个新的教育观念的产生将会直接导致教育改革的发生，而且在改革过程中会受到来自陈旧教育观念的阻碍和限制等。若是没有新的教育观念产生，也不会形成教育改革的需求。很多教育问题和教育难题的解决都需要以新的教育观念作为引导。成人高等教育的改革也需要先转变教育观念，从陈旧的教育观念中挣脱出来，以符合时代发展需求的教育观念作为指引来进行改革。

教育是个复杂的概念，因此教育观念也是多样化发展的，它是由群概念组合形成的，涵盖了教育的方方面面。从国内成人高等教育转型的角度看，现在应该将目的观、价值观的教育观念转变成成才、成人的观念；从重视老师的教转变成重视学生的学；并从学会向会学转变。这几种观念的转变并非独立存在，而是相互作用、相互影响以及相互促进的。

一、从"成材"到"成人"的转型

在社会发展中，人占据着主体的地位，所以人也是社会发展的前提和基础。从教育的本质来看，它是对人进行培养的，所以任何时候都要坚持以人为本的基本原则。教育具有两个方面的功能，一是社会功能，二是育人功能，这是教育内在的、社会赋予的一种伴生功能，它是基于培养人的活动而产生的，也是不同于科技活动、经营管理活动以及生产活动的本质区别所在。不管什么情况下，育人都是教育的基础功能，若是缺乏这项功能，那么教育的本质也会产生改变，而且也不利于教育外在价值存在的基础。教育任何一项外在价值的实现都需要基于育人这些功能来进行，同时还需要和现代社会的发展需求相适应，才能真正发挥其外在价值的意义。而且不能将教育单纯地看成是一种功利性的实现，并在教育过程中要坚持以人为本的原则。

成人高等教育在成人教育中占据着重要的地位，它是针对成人进行的教育，是为了促进成人发展而进行的。成人发展包括了两个层面的意思，一是身体的发展，二是心理的发展。从生理上来说，成年人已经达到了成熟的状态，而且在体能上开始逐渐下降，所以针对生理层面来说，主要是从体质、体能的提升、生活方式的科学合理化等角度来考虑。而对成年人的心理发展来说，则具有较广阔的发展空间。通过现代科学研究可以得知，人脑的开发和利用空间是非常大的，尤其是成年人的心理发展空间具有无限的拓展性。而且由于社会的快速发展，人们一生都不能脱离发展的问题。为了有效促进成人高等教育的效果，需要从两个方面入手：一是需要确保传授的思想道德、精神人格、行为规范以及知识能力都能和社会发展相协调，既要满足个人发展的需要，也要具备社会的共同特征；二是需要培养个人在教育中形成自己的个性特征，并促进其身心的全面发展，促进其成人和成才。

成人高等教育是为了促进成人的发展而产生的，而其目标是使成人具备更高的素质和综合能力，而非只是抽象的人，如此才能促进育人功能和社会功能的顺利实现。经过成人高等教育，让成人具备独立意识和独立人格，并且能够形成较强的社会意识，从而履行好自己的社会责任。成年人具备了承担法律责任的条件，可是并不代表其就具备社会公民所需的基本素质。因此，成年人的道德品质、社会责任感、公民意识以及知识技能的培养等都具有终身性的特征，所以终身学习习惯的养成也是非常重要的。

在对社会公民进行素质培养过程中，成人高等教育发挥着重要的作用。而且在未成年期也不可能对其进行公民教育，也不可能通过学校教育一劳永逸，而是在社会实践中逐步完成的，在实践中不断学习，而通过学习又可以作用于实践。为了有效促进公民素质建设，就需要重点关注成人在社会实践中进行的成人教育，以此来培养成人的公民素质。现代社会需要人们具备一定的学习能力，而且在学习型组织的建立过程中，社会各个领域和层面中都体现出了成人高等教育的作用和价值。而且学习型社会中每一个社会组织都能产生一定的成人教育作用。这也是成人教育终身性特征形成的主要原因，并为公民教育提供了较大的优势。

不过国内很长时间内都忽视了这一点。以往的成人高等教育就是为了获取学历的提升，主要是经过系统的理论知识来达到提升学历的目标。虽然获得学历提升并非坏事，这也是时代发展所决定的，但是过于追求学历文凭的提升却会让人对成人价值取向有所误解，也不利于实现高素质社会公民的培养目标。人们总是认为只有具备较高的知识能力水平才能适应现代社会的发展，而知识能力水平的高低最直接的体现就在学历文凭上，所以学历文凭的提升也代表着知识水平的提升。所以对文凭学历的追求也是基于满足适应社会发展需要而设定的根深蒂固的观念。当前我国成人高等教育的职业化改革，原本是对成人高等教育的文凭主义和普教化倾向的纠正，不过其改革的效果却非常有限，甚至还促进了文凭主义的发展，从而导致成人高等教育成为了干什么学什么、缺什么补什么的一种功利性手段。

成人高等教育是针对成人进行的，所以其目标也非常突出，即促进其成才，不过需要注意的是，不能将其当作成人高等教育的唯一目的或全部任务，而应该意识到，培养高素质的社会公民才是成人高等教育的核心要求。无论是学历性成人高等教育，还是职业性成人高等教育，满足的都只是社会和成人对知识技能的部分需要，但是我们应该认识到，培养高素质的社会公民和促进成人发展才应该是成人高等教育的主要内容。若是无法从观念上有所改变，那就不能准确地把握成人高等教育的本质和内涵，就会对成人高等教育造成误解，从而抑制成人高等教育的转型，也限制了成人高等教育的超越和发展等。

成人教育和成人公民素质教育两者是息息相关、不可分割的，为了更好地促进成人的公民素质教育，就需要不断地创新成人教育理念和实践形式。使其发挥出培养社会公民素质的价值和意义。

二、从"重教"到"重学"的转型

在教育教学的过程中，传统教育对于教师的中心地位十分重视，对于教师的教授十分关注，重视教，不重视学。来自捷克的夸美纽斯第一个让教育学真正从哲学中脱离，成为一门独立的学科，他十分重视教育事业中教师所能发挥的作用，其所著的《大教学论》可以帮助教师教给学生一切的人类知识，是专门针对教师应该如何教进行研究的。

对于学生的身心发展来说，教师精心组织的教学内容和精心选择的教学方式十分重要，甚至可以说具有决定性作用。在学生的心中，教师享有十分崇高的权威，在教育中，教师应当处在一个绝对支配的地位。他主张，教师应该对学生的心灵进行塑造，对学生所处的环境进行控制，对学生能够得到的体验进行决定，使学生培养起自己的兴趣、意志以及品质。赫尔马特创立了很多教育理论，在伦理学的基础上，他建立了教育目的论；在心理学的基础上，他建立了教育方法论，他主张把教学程序分成明了、联想、系统以及方法四个阶段。其后继者对这一理论进行了丰富和完善，发展出了"五段教学法"，即预备、提示、联系、总结、应用五个阶段。他认为教学阶段只是教的阶段和方法，对教师的教授、书本知识的学习以及正规的课堂教学形式更加重视，由此构成的传统教育学的基本体系所具有的典型特征就是教师中心、书本中心、课堂中心。在这三个中心之中，最关键的是教师中心，正是因为教师的中心地位，才形成了书本中心和课堂中心。在世界范围内，赫尔巴特的传统教育思想具有十分广泛的影响，苏联教育学理论体系也是由赫尔巴特的传统教育思想发展而来的，凯洛夫是其中的代表人物。在中华人民共和国成立初期，苏联的教育学理论也对我国的教育产生了十分重要的影响。

在传统的教育思想中，教师是中心，在理论方面，以杜威为代表的现代教育派对此十分反对。杜威认为，学校里的一切都是为"静听"而准备的，传统教育实际上就是一种"静听"教育。教育是对经验进行积累、改选以及重新结合的过程，学生的直接经验构成了教材的基本源泉，"做中学"是教学所坚持的一个基本原则，组织教学时鼓励通过不同的方式进行主动作业，比如木工、织布、纺纱、烹饪,等等。他十分反对对于传统教育将重心放在教师身上而不是学生身上,消极对待学生,一直采用同样的课程和教学方法。

伴随着现代建构主义学习理论的逐渐兴起和发展,当今社会对于学生的主体性以及在教育活动中学生学习的重要地位更加关注和重视。建构主义者认为,世界的存在是客观的,但是,人究竟是如何理解世界、如何赋予世界意义,这些都是由个人决定的。人们对事实的建构往往都是依据自身的经验进行的,或者至少说是在解释事实,个人的经验世界是用个人的头脑创建的,因为每个人的经验不同,每个人对于经验的信念也不一样,因此对于外部世界的理解也是因人而异的。所以,建构主义强调,在教育活动中,要把学当作中心,学习应该是以学习者为中心,教师只是起指导作用。换句话说,对于意义建构来说,教师不是知识的灌输者、传授者,而应当是帮助者、促进者;作为认知活动的主体,学习者不应该是被灌输者或者被动接受者,而应当是意义的主动建构者。通过传授是得不到知识的,学习者获得知识一定是在一定的社会文化背景之下,借助他人的帮助,这个他人可以是教师也可以是学习伙伴,通过对必要的学习资料的利用,借助意义建构的方式进行的。学习的质量不是学习者对教师的思维过程进行重现的函数,而应该是学习者自身意义建构能力的函数。换句话说,我们能够获得多少知识,和学习者对教师讲授的内容进行记忆和背诵的能力无关,而和学习者是否能够根据自身经验进行有关知识意义的建构有着直接关系。

从传统教育中重教轻学的情况,转变到在教育教学过程中强调以学为主、突出学生的主体地位,这种转变不仅仅是对现代教育理论发展情况的一个反映,也和成人高等教育的实际情况相适应。如果说,一般普通教育必须强调学生的主体地位,重视学生在教育活动中的主动性、积极性和创造性,重视学生的学习,则成人高等教育更应如此。

(1)成人高等教育的目的决定我们必须这样做。成人高等教育本身肩负着多重任务,既要对成人进行知识的传授、技能的培养,还要对成人进行人性的完善,提升其生活质量,使成人完善自身的发展。对于成人高等教育来说,其最主要的目的就是培养高素质的社会公民,要想达到这个目标,就一定要对教育过程中成人学生的主体地位加以强调和重视,增强成人在学习方面的主动性和积极性,引导他们进行正确的学习。如果在教育过程中,成人学习者只是一个单纯的受教育者,那么他们自身的主动性和积极性很难得到发挥,预期的学习效果也就难以达到,最终促进成人发展只能沦为一句空话。

（2）成人高等教育的对象决定我们必须这样做。成人高等教育是针对成年人进行的高等教育,成年人的经验往往比较丰富,自我意识很强,他们也拥有一定的学习能力,对于自己的学习责任比较明确,但成年人中普遍存在工学矛盾这一问题,这也导致了他们需要按照自己的工作或个人发展的需求来寻找学习材料,制定自己的教育目标,他们很难和未成年人一样,长期集中脱产接受教育,他们要想达成自己的学习目标,只能进行自主学习,由自己对学习时间进行合理安排。

（3）在成人高等教育领域中,现代先进信息技术得到了广泛的应用,使得成人学习有了更好、更便利的条件。随着社会的不断发展进步,人均教育水平不断提高,人们关于自我发展的意识开始觉醒并不断增强,可以预见的是,在成人高等教育中,这种有很大帮助的成人自我学习将会占据越来越高的比例,发挥越来越重要的作用,对于促进成人的全面和谐发展以及推动成人高等教育的发展繁荣,有重大作用。

但是,在我国,成人高等教育在发展过程中,主要是对普通高等教育的模式进行仿效,从而形成了传统的学历导向型的成人高等教育,这就使我国的成人高等教育受到以凯洛夫为代表的传统教育思想的严重影响。在教育教学的过程中,我们过于强调教师的绝对权威,对于正规的课堂教学以及教师对书本知识的系统传授过于重视,而对教育活动中,成人学生的主体地位有所忽视,对于成人学生在学习方面如何发挥主动性和积极性并不注重,对于成人学生的学习特点也没有进行深入研究,没有把学生真正当成学习的主体来看待,而只把他们当作受教育的对象,认为在教育过程中他们就是被动的客体。

伴随着成人高等教育中重点地位的调整确立,高层次岗位培训和继续教育成为核心,成人高等教育也开始了改革,此次改革最大的特点就是职教化。通过改革,我们将关注的重点放在了对职业技能的培训上,而不是像以前只重视系统知识的传授。在对学生的实际职业技能和工作能力进行提升的过程中,以职业发展为导向的成人高等教育开始对学生在教育过程中的学习积极性和主动性重视起来。而那些以学习为导向的成人高等教育则认为学习是帮助成人更好发展的一个重要手段,对成人学习的形式更加重视。所以,成人高等教育要想很好地完成发展转型,在教育观念上,就要从"重教"转向"重学"。在教师观方面,就是对传统的以教师为中心的观念进行转变,在教育教学过程中,主张教师们调整和转变自身的角色身份。教师应该是引导、帮助成人学生进行学习的人，是成人学生在学习过程中的协作伙伴、会话对象，能够为成人学生营造出良好的学习环境，而不应该是传统教育模式中的那种只一味灌输、传授知识的人。在学生观方面，这种转变就是要对成人学生的学习主体地位和意义主动建构者的身份进行强调，要对教育活动中学习者的主体地位进行充分的尊重，对成人学习者的积极性、主动性、创造性的发挥加以重视。在教育教学的组织过程以及教学环境的设计方面，要时刻围绕学习者这一中心进行，要把"一切为了学生，为了学生一切，为了一切学生"真正放在心里，落到实处。在教学观、师生观方面，要对过去的师尊生卑观念进行转变，对师生关系进行调整，不能再采用过去的重教轻学的占有式关系。在主体认识方面，要充分认识到教师和学生是相互联系且平等的，在这种能够进行平等对话的和谐关系中，让成人学习者进行学习，获取知识，使其素质得到发展，最终成为一个高素质的社会公民。只有这样，才有可能真正实现成人高等教育的学习型转变。

三、从"学会"到"会学"的转型

在成人高等教育转型中，最核心的就是学习。学习对于成人学习者来说主要有两种：一是"学会"，重点关注学习结果，要求熟练掌握现有的经验、知识和技能。这种学习要求接受现有事物，对问题的解决能力要依靠不断的学习，属于适应性或维持性学习。二是"会学"，重点关注学习过程，要求掌握学习方法和形成学习习惯，注重提高学习能力。这种学习要求能够吸收、发现和解决新的问题、知识和信息，从而对未来的变化得心应手，属于会学或创新性学习。换句话说，在教学过程中，"学会"就是"学什么"，重点在于学习内容，而"会学"则是"如何学"，重点在于掌握方法。

教学过程中既不能少了"学会"，也不能少了"会学"，"学会"和"会学"是相辅相成的，二者缺一不可。但二者却又有不同的主张，在侧重点上也存在差异，学习观念也完全不同。在18世纪，联想心理学被西方教育界的实质教育派作为基础，将心灵比喻为一个容器，需要填充不同的知识，认为教学与智力发展没有太大关系，最重要的是将知识传授给学生；形式教育派则是基于官能心理学，主张教学的重点在于发展智力、启发心灵，而知识只是一种手段。在教育教学过程中，到底是传授知识重要，还是发展智力重要，是实质教育与形式教育争论的问题，这其实就是教知识和教方法哪个更重要，到底是"学会"重要，还是"会学"重要。随着教育理论的不断发展，教育界将关注的重点变为了学生的学习和怎样学习上。

教学理论在当下有着各种各样的观点，但重视学生学习却是教学共同点，而且"如何学"比"学什么"更为重要。在现代教育中，学习方法是很多大师都重视的，其重点在于学会学习。布鲁纳基于结构教学的理论，提倡发现法，即由教师引导学生围绕着一些问题，依据教师和教材所提供的材料，去研究、探索和发现相应的原理或结论。赞科夫从以教学促进发展的教学理念出发，提出与传统教学原则相对立的五大教学原则，其中之一就是"使学生理解学习过程的原则"，即不仅掌握学习成果，更要留心学习方法，学会学习，等等。他们都强调教学过程中引导学生学会学习的极端重要性。

在当前这个知识经济背景下，学习有了全新的含义，它不再只是单纯地获得技能、经验和知识，更重要的是学会怎样学习以及掌握正确的学习方法。只有在特定环境中才能够使用某种结论，但方法却仍可以在不断变化的环境中使用，它的使用范围比结论更为广泛。现在属于知识经济时代，相比于学会已有的知识，学习新知识以及创造新知识显得更重要，这表明人们要改变学习方式，从"学会"转变为"会学"，从"维持性学习"转变为"创新性学习"。

成人高等教育面对的学习群体较为特殊，他们都是在职的成人，最大的一个问题就是工学矛盾，这表明只有利用业余时间自学才能完成学习，若是学习方法不够科学，而且缺乏良好的学习习惯，对时间运用不合理，则很难达到学习目标。但成人的经验非常丰富，他们以经验为基础进行学习，虽然没有未成年人那样好的机械记忆能力，但他们却可以进行理解学习，能够熟练各种学习方法，有着较强的理解记忆能力，这些都可以对欠缺的机械记忆能力进行补充，但以上这些既要掌握正确的学习方法，也要养成良好的学习习惯。因此，"会学"是成人高等教育的重点。

但培育有用之才与获得学历文凭成为传统成人高等教育的目标，这并没有重视成人的需求，只是将教育作为重点，以教给事实作为教学观，以学会知识作为学习观，强调学习理论知识和技能，而忽视学习品质与学习习惯，强调"学什么"，忽视"如何学"，将适应性学习看得比创新性学习更重要，忽视了成人学习者具备的优势。在当前这个信息和知识经济时代，传统的教学观和学习观已不再适用于成人高等教育，它应该转型为学习型，让成人不仅要学习内容，还应掌握相应的学习方法，有正确的学习习惯，学会怎样去学习。

学会学习表明要找到学习内容的重点，合理利用时间，选择恰当的学习目标和学习方法，充分利用现代技术，保证学习的科学性；要学会高效、自主、创新地学习；成人学习者还要充分发挥自身优势，充分利用学习条件，在学习过程中借助自身的经验和理解尽量解决工学矛盾，以及弥补机械记忆能力的不足之处。学习这种活动在于获得间接经验，但是要有组织和计划，并且充满目的性，这个过程非常复杂，需要一步一步的积累，这也是一个人不断发展的不竭动力。学会学习能够让人拥有创造性、自主性和独立性，能够让人实现不断的发展，在学习中融合创造并使二者达到共存才算是真正的学会学习。

第二节 新时代成人高等教育转型中需注意的问题

在当今这个时代，以下几点都是成人高等教育在转型过程中要特别注意的：

（1）为实现观念变革，还需花费一定时间。观念指人们从主观和客观上对事物进行认识之后就会有相应的总结，它会对人们的行动有所引导，既能够实现客体的改造，也能够让生活更加丰富。历史性、独立性和主观性都是观念的特征，存在与思维、物质与意识都和观念有着紧密的联系。人们在正确观念的引导下可以获得更高的效率，从而推动社会的不断发展。但错误的观念则会成为社会进步的阻力。用新的教育观念取代传统的教育观念并不是短时间内就可以完成的。

（2）为实现体制创新，还需进行深入实践。成人教育并没有与之相符的体制，尽管有很多学者已经着手于成人教育，但体制的建立和实施仍需不断的探索和实践。不少因素都会在实施教育体制的过程中产生影响，例如不同区域的差异、社会生产力、经济、文化和科学的发展状况等。因此，教育体制能否得到大力实施取决于经济文化的发展水平，每一个社会发展阶段都会呈现出不同的教育体制。要充分考虑完善教育体制过程中的各种因素，这是一个循序渐进的探索过程，不是一蹴而就的。

为实现质量提升，还需巩固物质基础。要想使教育质量得到不断提高，就要保证良好的物质基础，教育教学的基础设施会随着经济的不断发展而得到完善，这时，教育质量就会得到相应的提高。经费是成人高等教育面临的一大难题。只有发动社会力量,增加教育经费,才能让成人教育质量得到提高,才能让成人教育事业得到发展。应给予成人教育事业政策方面的优势,将更多的人力和物力投入到成人教育中来;在保证教育效率的前提下使之得到提高,并将教育资源进行合理且科学的分配。

(4)为实现顺利转型,还需强化理论支撑。教育转型这种尝试是全新的,它需要理论作为实践的指导,要将理论结合实践,并在实践中形成新的理论,形成一种良性循环。成人高等教育要想实现稳定且有序的转型,其理论指导是必不可少的,既要坚持终身教育,又要坚持成人学习。成人教育在当前这个转型阶段只是初步的,并不具备较高的专业化水平,也缺乏完整的教育理论体系。要想完成成人高等教育的转型,就要不断发展高等教育理论,使成人教育的体系充满中国特色。

第三节 新时代成人高等教育转型的方向与策略

一、更新理念,调整成人高等教育办学方向及定位

(一)树立终身教育的理念

终身教育理念是在20世纪中后期被提出的,构建终身教育体系和建设学习型社会的历史任务已被载入《教育规划纲要》中,这标志着成人高等教育已经成为终身教育体系的重要组成部分,不再是系统的边缘成员。整个社会应该重新审视成人高等教育,从终身教育出发,构筑成人高等教育的新理念,以"互联网+"的思维方式去理解和重新认识成人高等教育。同时,各成人高校要突破单纯学历教育的传统框架,彻底抛弃把学历教育视为学校唯一任务和目标的传统观念,要树立"大教育"的质量关,为成人高等教育转型开辟出职业教育、社区教育、开放教育、老年教育等新领域,把优质教育服务融入人生的每个阶段。

当前我国社会经济现状与发展趋势,要求成人高等教育必须向成人高等职业教育方向发展,从而适应产业结构升级和调整的需求,这也是成人高等教育改革的方向,成人高等教育应该定位于社会需要何种人才、哪些新技术、新知识,那就提供与之相对应的教育服务,也就是说成人高等教育应当为区域的社会进步和经济发展提供智力支持。

（二）学历教育与非学历教育的均衡发展

成人高等学校目前既面临学历教育生源不足问题，又面临非学历教育推进缓慢问题，产生这些问题的主要原因是目前成人高等学校对自身定位不明晰，社会整体认知度不足，教育体系划分不明确等，从而造成目前成人高等教育与全日制普通高等教育职能重叠，二者互相争同一生源市场，结果导致成人高等教育未能发挥自身特点，反而放弃了工作能力培养和职业资格培训这一生源市场。

事实上，成人高等教育具有其独特的优势。职业化、实用型、技能型的人员培养方式，正可为当前社会提供大量急需的"银领""灰领"，从而适应地处国家东南沿海、经济发达的港口城市对人才的需求。因此，成人高等教育必须调整思路，从市场需求出发，将办学重点转移到职业技能培训，结合学历教育与非学历教育，二者共同发展，各有侧重，从而使成人高等学校培养的学员可以动态适应社会对人才的需要。

（三）构建发展远程教育体系

在现代远程教育工程实施之前，我国高等教育的发展格局主要依托于普通高等学校，外加电大、成人高考、自学考试等。随着现代远程教育工程的启动，出现了开放教育、网络教育等新型高等教育发展形态，而且这几年现代远程教育的招生规模和在校生规模也逐年扩大。在国家提出"互联网+"战略后，成人高等教育正可以利用这一契机，改变以往学校—班级—课堂—学生的传统教学模式，展现全新的面貌。现代远程教育在成人高校的主要任务就是建设网络教育学院，探索多媒体交互式的现代远程教育，构建多层次、多规格、多形式、多功能的现代远程教育办学新局面。

现代远程教育不仅能在规模上为成人高等教育的发展做出应有的贡献，在教学模式和教学改革上也促进了整个高等教育的发展，如：很多高校在慕课（MOOCS）的发展推动下能将自身的课程资源通过网络的形式共享，让更多的人能够分享优质的高等教育资源。现代远程教育与传统成人高等教育的融合不仅要体现在机构上，也要体现在观念和认识上，各高校应当对教学及管理人员进行专门的培训，利用信息化手段提高教学与管理的水平，要加强现代远程教育公共服务体系的建设，开发数字化学习资源，促进资源共享，实现资源和数据的互联互通；同时，可提高校外教学对远程教育支持服务的水平，以改革创新为动力，促进现代远程教育事业的不断发展。

（四）培养应用技能型人才

成人高等教育区别于普通高等教育的重要一点就在于二者的人才培养目标有所不同。成人学员比普通高校学生有更丰富的社会实践经验，与社会和科技水平发展提高关系更为密切。针对成人学员开展的成人高等教育，有利于学员扩展知识结构，学习吸收新的科技，从而达到优化人才结构，丰富人才资源以及推动社会进步的目的。因此，各成人高校要进一步明确自身的办学方向和人才培养目标，找准服务对象和服务领域，以就业、上岗、转岗为导向，通过校企合作、产学结合为社会培养出应用型、技能型、创新型、复合型、外向型、实用型人才。

随着国家教育改革的逐步深入，在成人高校的专业设置中，不再单列"职业教育专业"，而是将其纳入"成人高等教育专业"的范畴，因此成人高等教育人才培养目标的正确方向仍需坚持不懈。职业教育是成人高校"以人为本"的内在要求，在新的历史时期，我国成人学员的组成结构呈现出新的特点，学员的低龄化倾向十分明显。参加成人高等教育学习成为准入职业岗位的重要途径，因此其学习的职业性特点更为明显突出，适应生产、建设、管理、服务第一线需要成为其培养的主要目标。

二、改革成人招生考试制度，为终身教育提供保障

（一）实行成人开放性入学制度

招生是学校的生命线，应对生源的竞争一直是各成人高校的第一要务，因此以学校自主招生为方向的招生制度改革是成人高校改革和发展的重中之重。2014年中华人民共和国教育部在《关于做好2014年全国高校考试招生工作的通知（讨论稿）》中指出："各省、自治区、直辖市要按照国家有关招生政策规定，结合区域经济社会发展特点、高等教育资源情况和生源情况，积极研究自行确定本省（区、市）成人高校考试招生办法的改革总体方案。从2015年起，有条件的省份可自行确定考试办法。2016年将不再全国统一举行成人高校招生入学考试。"这一文件的下达使成人高等教育考试招生办法的改革更面临新的紧迫感。

成人高考要重点抓质量，将质量作为衡量成人教育达标与否的重要标准，要实施宽入严出。因此，可建立由教育考试院牵头的、市区院校共同参与的招生考

试管理模式，采取开放的、灵活的招生考试办法，逐步建立"国家宏观指导、地方统筹管理、高校自主自律"的成人高校考试招生管理体系。可考虑在专科层次取消统一的入学考试，改用申请注册的入学方式。当然，前提是各成人高校要在教育行政部门核定的标准范围内拥有招生自主权，从而确定招生专业和招收人数。此外，要及时修订考试大纲，合理确定适合成人特点的考试内容，针对成人考试的特点，要改变原有的考试形式，积极开发适合成人考试的新形式，并且针对考生的需求，提供更高质量的考试服务：如以计算机考试代替纸制试卷作答，改革招生考试制度，既可以引导学校从市场需求出发，提高办学质量，又可以在社会上重塑成人高校的认知度。

（二）建立学分互认制度

建立继续教育学分积累与转换制度，实现不同类型学习成果的互认和衔接是《国家中长期教育改革和发展规划纲要（2010—2020）》提出的要求，各类高等学校（普通本科院校、高职院校与成人高校）之间学分转换，并为每位学习者建立账号，这样个人就拥有了终身学分累计账号，为推行终身学习提供了良好的前提。学分互认制度是完善人才成长的重要举措，对于基本实现教育现代化、基本形成学习型社会、进入人力资源强国行列具有重大意义。

中华人民共和国教育部在相关文件中指出，在学分获取方面，高校不再局限于内部的学分制，对成人高校、普通高校以及高职等高等教育学校来说，学生赚取的学分，可以来自本校课程的学习，也可以是来自其他学校的课程学习；另外，学生通过转换非学历学习成果，以及通过自学考试等，都能够赚取学分。而对于社会成员来说，如果想要获得学分，同样可以采取以上渠道。

学分互认机制最大的优点就在于它能够针对不同类型的课程制定不同的学分互认方法，并且将非学历教育的学分也纳入学分银行的统计中来，这种建立个人学习账号的方式，能够对学习者的学习成果进行原始记录并长期保存，解决了学习者重复学习的状况，能够有效地保障学习者的权益。

（三）实行弹性学制

弹性学制是一种向学分制过渡的教学管理方法，是指学生可以在一定学习时间内申请延长或者缩短学习年限，推迟或者提前毕业的一种教学管理制度。凡是能够按照教学计划规定要求、修满各类课程学分的学生，经本人申请后允许其提前毕业；相反，对于学习有困难或者因为特殊原因需要延长学习时间的学生，可以推迟毕业。实行弹性学制可以更好地满足社会经济对应用型人才的需求，给学生较大的学习自主权，从而提高学生学习的主动性和积极性，体现出因材施教的原则。

成人高校引入弹性学制，实现了灵活化的管理，避免了固定管理模式的缺陷，突出了以人为本的理念，让学员能够根据自己的需求有选择、有目的地学习，缓解了工学矛盾，体现了一种人文情怀和人性关爱。弹性学制的实施，是对学生选择的尊重，从学生角度出发让学习更有目的性，从而提高学习的效率。实行弹性学制只是在时间上放宽松，并不代表各成人高校放松对学生的教学管理要求，相反，各成人高校更应该在课程考核上加强对学生的管理，真正体现出宽进严出，从而提高办学的质量与效益[①]。

三、转变职能，调动地方办学积极性

（一）转变职能，明确政府职责及管理权限

《国家中长期教育改革和发展规划纲要（2010—2020）》指出教育管理体制改革的重要目的就是"以转变政府职能和简政放权为重点，深化教育管理体制改革，提高公共教育服务水平确保教育管理体制服务功能得到有效的发挥。"成人高等教育与普通高等教育最显著的区别之一就是成人高等教育的地域性差别很强，与所在地经济社会的发展紧密结合，因而更要强调其管理的地方性特征和政府管理职能的转变。

政府"简政放权"有利于其更好地发挥职责，彰显成人高等教育办学机构的法人地位，而这种法人地位则主要体现在办学自主性、财产的独立性、招生的自主权等方面。《国家中长期教育改革和发展规划纲要（2010—2020）》明确强调政府及其部门要依法保障学校充分行使自主办学权和承担相应的责任。因此，各级政府和相关管理部门可以将本应属于办学机构的权利赋予办学机构。作为政府，可以放开给市场和社会的权利。但同时也要关注到"简政放权"并不是意味着政府不用管，而是要对成人公安等教育的管理要更科学、更合理，在某些权力上适度放松，在某些关键问题上则要严格把关。

---

① 谭大慧.成人高等教育弹性学习制度与可持续发展[J].继续教育研究，2016，（5）：63-65.

（二）办学主体面向市场，发挥市场资源的配置作用

当前，我国正在进行经济体制改革，为了适应高速发展的经济需要，成人高等教育管理体制也需要及时进行改革。成人高等教育应该由市场决定办学机构的生存，政府即便指导其发展，也不要过分干涉。成人高等教育管理体制的管理，应当充分利用好市场的调节作用，让那些优秀的、具有发展前景的成人高等教育管理机构不断发展壮大，而那些无法适应市场发展需求，逐渐没落的机构应当被淘汰。

实现成人高等教育的转型，必须要打破其管理体制上的各种束缚，实行"多级管理、自主办学"的管理模式，这样才能将成人高等教育办成充满活力、以人才需求为导向，真正体现成人特色的教育形式。政府对于办学主体的限制应该放宽，让整个市场上有能力、有实力、有活力，具备办学条件的企业或者个人都能积极参与到举办成人高等教育机构的浪潮中来。企业对人才有极大的需求，人力资源的投入对企业来说具有巨大的经济效益，因此企业应该成为重要的成人高等教育办学主体。在这点上，有些地区的成人高等教育已经取得了非常突出的成绩，如宁波地区积极推进校企合作办学，积极承办政府培训项目，参与政府职能部门招标项目，建设企业实训基地，为多类人才提供成人高等教育服务。

四、推进教学改革，强化教学体系

（一）采取多样化教学方法与手段

现代信息技术的迅猛发展，为广大成人学员接受成人高等教育提供了更多的选择和更为便捷的学习方式。以互联网、手机和各类移动电子终端设备等为代表的信息技术，在教育和培训中得到广泛应用，不断地改变传统的教与学的方式，并为实现任何时间、任何地点的泛在学习提供了条件和可能。通过网络进行的在线学习已经逐步被年轻学习者接受，并日益成为成人学员接受高等教育的一种重要途径。

传统的成人高等教育基本以教师为课堂教学的中心，学生始终处于被动接受的状态，学习积极性不足，造成学习效率与效果低下。要想改变这一局面，提高教学效率，关键就在于教学方法和手段的提升。首先，要摆脱传统的教学方法，积极引入现代化教学理念，通过视觉、听觉等多种感官刺激，增强学员的注意力和记忆力，在教育方法上，结合成人学员的社会工作经验，采用启发式、引导式、

辩论式的教学方法，形成新的认知结构，从而提高学习效率。其次，在教学手段上，要逐步建立依托于多媒体、网络信息技术的现代教学体系，通过多媒体教室、实训室的音、视频手段，将教学课堂搬到网络上，让学员可以随时学、随地学。"微课""慕课"就是网络学习的新方式，是教师教学创新的新空间，各高校平时可以经常性地开展教学研讨、多媒体课件及微课评比的活动，从而有效地推进各项课堂教学的改革。

（二）建立教学质量监控评价体系

成人高校开展成人教育，目的就是提升成人的知识和技能，以满足社会对人才的需求，而质量不仅决定着成人高校是否能培养出社会需要的人才，而且也影响着其自身未来的发展。在当前背景下，各成人高等院校应当通过多种方式和途径，不断加强质量监控和评价体系，建立质量保证机制，确保人才培养的质量。如：教学检查就是一种比较常规并且有效的手段，不少学校就采用定期测验来分析学生的学习状况；另外，教学督导和评估也是比较有效的方法，它能够更好地对当前教学质量进行评价，发挥监管作用，有利于寻找教学中存在的问题并及时提出改进措施，促进有关方面提高工作质量。

成人高等教育的质量监控与管理是一项系统工程，需要教师、管理人员及学生全员参与，要结合随堂听课、学生评教、新教师岗前培训等方式，对于教学质量进行多方面、综合性的监控。在评价方法上进行改进，选择定期和非定期评价相结合，以确保其公正的特点，也保证了其客观性，使测评结果更切合实际。同时，还应关注到，对教师进行教学质量评价，并不是单纯地对教师评级，而是帮助教师在之后的教学活动中，提升教学质量。

（三）改革教材建设与课程设置

教材和课程资源建设对成人高等教育的发展有着非常重要的影响。在信息科技不断发展，不断产生新的教学手段和模式的情况下，成人高等教育要充分利用多渠道和社会丰富的资源，以更加优化的流程，编写出适应成人教学的教材；要以突出实用性和应用性为目标，从理论出发，结合成人高等教育的实际情况，使教材内容能够有更科学的形式，更实用的内容；改革传统教材模式，需要利用新型多媒体技术手段，吸收慕课、微课、翻转课堂等新兴教学形式，通过整合社会教育资源，构建统一的教材资源库；利用网络，构建在线学习平台，将传统优质教育资源放到网上和新生网络教育资源一同实现资源共享。

此外，还要合理分配公共必修课、专业基础课和技能实践课的比例，打造精品课程，把当前互联网教学的新理念、新知识、新技术引入课堂教学，更新课程体系。公共基础课主要以一些基本理论为主，重点在转变学员思维方式以及提升学员的认知能力，专业基础课的设置则要突出课程"实际""实用"和"实践"等特征，继续提高实践技能课在教学中的比例，让学生真正实现"学以致用"。

（四）组建优质师资队伍及实习基地

教育质量的好坏是由教师队伍水平决定的，教师教学水平的高低直接影响成人高等教育的发展，师资队伍的优化直接作用于成人高等教育的可持续发展。

由于现在成人高等教育的师资结构不尽合理，教师水平良莠不齐，教学经验不足的年轻教师和敬业精神不足的兼职教师所占比例过高，这些原因导致成人高等教育的质量一直处于低端水平，办学声誉也受到波及。因此，有着合理的学历、年龄和业务水平的师资队伍是现代成人高等教育发展道路上的一个重要问题。具体可以从三个方面进行调整：一要将教学需求与师资人员相匹配，优化师资结构至最佳状态；二要在人员培养上下功夫，要以老带新，所有专职教师定期安排进修培训，建立以中青年骨干为主的教师队伍；三要大力引进"双师型"教师，通过"走出去"和"请进来"切实提高教育质量；四要健全管理人事制度，提高教师地位，改善待遇，调动教师的积极性和主动性。

五、设置围绕市场需求的专业

（一）调整专业设置和管理机制

成人高校的建设，关键靠专业。专业设置要以市场为导向，设置的专业要能够体现出成人高校的办学特色和水平，要有相对稳定的人才需求量。在开发和改革各专业的过程中，一定要注重专业设置的科学性和合理性，并制定与之配套的相关制度，实现管理的规范化。要在各专业设置中突出"培养技术应用型人才"的目标，建立密切结合实际的新型实践教学体系，实行专业分层管理。各成人高校要加快修订专业目录，积极更新目录，实现专业目录的标准化，避免专业设置的重复，剔除老旧的脱离时代的专业。对于新开设的专业，要充分考虑该专业是否能与社会生产结构及经济发展变化相适应，是否能满足行业领域内大多数企业的普遍需求，是否能在较长的一段时期内满足职业发展的需求。

通过专业调整与优化，对于有成长性的专业要加大重视和投资力度，积极培养成为学校的主要发展方向，形成特色专业。同时，及时进行专业调整，以便更好地服务于社会的发展需要。

（二）突出区域经济发展需求的专业特色

成人高等教育专业设置要具有长远规划，要充分考虑地方经济产业特色，根据市场需求不断调整专业，满足可持续发展。随着产业结构的继续调整，行业更迭变化加剧，新兴产业不断涌现，各行各业对从业人员的职业技术等素质要求将不断提高，人才匮乏的矛盾日益突出。因此，当前各成人高等院校要紧紧把握经济发展和社会进步对于人才需求的变化趋势，充分发挥"船小掉头快"的优势，及时、快速、灵敏地向社会推出新的专业。

在当前"互联网＋教育"帷幕已经拉开的背景下，各成人高校应适时调整相关专业，如增设"大数据分析与应用""老年服务与管理""3D打印技术""信息安全""网络空间安全""微电子科学与工程""食品安全"等新兴专业，从而为学校发展注入新的活力。

六、整合教育资源，改善办学条件

（一）加大制度和资金的保障与投入

政府部门加大政策支持和财政扶持力度。要纠正人们对成人高等教育存在的偏见，成人高等教育不是一种辅助性质的教育，其在社会成人教育方面的作用，不亚于普通高等教育。有关部门要加大教育资源整合力度，为成人高等教育的整体发展制定规划，可以成立专门的成人高等教育主管机构，进行规范化运作管理，促进成人高等教育发展建设各方面、各环节工作有序稳健推进。另外，要提升成人高等教育在整个教育体系中的重要性，加大政策倾斜，统筹好各类教育资源，合理规划教育布局。

经费是成人高校建设的重要力量，是不可缺少的关键资源，只有足够的经费，才能确保教育事业建设的稳健推进，也才能聚集更大的教育资源，改进教学模式，提升教学质量。要积极地拓展经费来源，以政府为主导，积极引入社会资本，加大社会投资，才能扩充学校教育经费。在世界各国中，德国的成人教育体系是最完善的，成人教育的发展等级也比较高，其中一个重要的因素，就是政府对成人高等教育的大力支持，从政策、制度、法规等方面，全面完善了成人高等教育发展的条件，不但实现了其地位的提升，也促进了社会对其更全面的认知。

（二）开展合作办学模式

在开展成人高等教育的过程中，各高校要以联盟、合作等多种方式，探索高校继续教育服务社会的新模式，通过校校合作、校企合作和校地合作，面向行业企业、区域开展多样化的合作教育。校企合作办学模式能够为成人高校与用人单位之间开辟一条"学生学习与就业"的道路，学生直接学习用人单位所需的各项专业知识和技能，不但提高了学校的办学效率，还为企业解决了人才需求的问题。学校与企业沟通协商人才培养目标及教学计划，共同组织实施教学，达成供需共识后共同对学生进行定向培养，这种培养模式大大节省了社会资源。

合作办学并不仅限于单一的校企合作形式，开辟中外合作办学就是扩大办学类型的一种新的发展模式。作为改革开放40年以来我国教育体制改革的一项新尝试，中外合作办学经过十多年的发展取得了较为丰硕的成果。成人高等教育可考虑引进国外高校先进的教育理念、教学内容与方法、教学管理经验等，拓宽人才培养的途径与渠道，促进学科与专业的建设，加强与国外高校的学历教育与培训项目合作与交流。中外合作办学的最大优点就是学生不用走出国门就能接受境外教育，获得境外学历证书，节约了教育成本。

第四节　新时代成人高等教育转型的质量保障

质量是教育的生命与核心，成人高等教育转型的质量保障问题必须从思想认识上明确其目的与意义，并且明确发展高质量成人教育所依赖的保障要素，从根本上保证成人教育的质量水平。

一、成人高等教育转型质量的具体要求

（一）高质量的成人高等教育有利于社会进步

（1）高质量的成人教育是实现"中国梦"的需要。科技进步决定经济发展的速度，国家的任何一个发展时期都不能缺少高素质的劳动者，科教兴国战略永不会过时。我国目前的发展急需数以亿计的高素质专门人才，成人高等教育的任务主要是为社会各行各业的从业人员提供教育服务，培养和提高各种技术人才和劳动者的素质和水平。正因为如此，成人高等教育办学的质量水平才至关重要。

成人教育发展应时刻把握"科教兴国"战略的新要求，主动调整，适应社会新需要，始终把质量保障作为第一要义，改进教学理念，优化教学资源，采取一切能提高教育质量的措施，为实现我国现代化战略目标，实现"中国梦"提供人力资源储备和强有力的教育服务支持。

（2）高质量的成人教育是知识经济时代的需要。知识经济时代的来临使全球经历了一场知识的革命，从传统的农业经济社会到科技迅猛发展的现代信息社会，知识的变化更替日新月异，知识创新已经成为国家经济发展的重要推动力和衡量经济发展的重要指标之一。在这种大背景下，社会各行各业的从业人员不得不开始对自己的知识结构不断作出调整，去适应社会经济增长的要求。成人高等教育承载了这一特殊的历史使命，协助那些在自己劳动岗位上求发展的人们获得更为高效、优质的教育服务。因此，成人教育一切工作的核心与目标就是提供有特色、高质量的教育产品，赢得消费市场，加快社会人才开发、知识创新的速度，促进在职从业者专业知识水平与技术能力的补充、更新、延伸和提高。

（3）高质量的成人教育转型建设学习型城市的需要。随着终身教育理念的深入人心，我国从学习型社区建设转型到学习型城市建设，正在努力实现让任何一个渴望学习的公民在任何年龄阶段、任何地方都能得到与之相匹配的教育的目标，教育的终身化发展使成人高等教育有机会在未来的国民教育体系中发挥越来越重要的作用。尤其是高校成人教育，拥有得天独厚的教学资源，能够极大程度地满足社会各行业在职人员不同层次、各个阶段的学习需求，是建设终身教育体系、建设学习型城市的有力臂膀。学习型城市建设是学习型社会形成的前阶段，有助于加快推进社会发展的历史进程。鉴于此，成人教育必须以广大人民的学习愿望为发展依据，牢记质量守则，以优质的教学服务造福社会，为学习型城市的建设贡献力量。

（二）高质量的成人高等教育有利于人才的发展

（1）高质量的成人教育促进成人的全面发展。在我国，脑力与体力劳动的社会分工仍然使一部分社会成员处于"片面发展"的阶段，从人的全面发展理论来看，尤其是相较于普通教育，成人教育的特点体现在针对已有社会分工的成人进行知识结构的补充和再调整，使其精神文化和物质生活水平得到一个明显的提升。社会成员选择成人高等教育意味着成人个体需要进步，需要自我发展与完善，甚至需要实现人生理想与自我价值，这是社会进步的表现。因此，成人教育应着重考虑人们在成年阶段中各年龄跨度区间内的不同需求，尽可能把全面、优质、个性化的教育服务提供给成人学习者，使他们在成人高等教育的课堂上不仅能够获取知识的快乐，也能得到技能的提高，更能使他们的个性得到全面的释放。

（2）高质量的成人教育有助于实现个人的可持续发展。个人的可持续发展，是指人们能够不断以提高自身的修养来面对工作中的竞争，迎接生活中的挑战，并能取得事业和人生中的每一个阶段性的进步，获得一个相对满意、富足、充实而幸福的人生。信息全球化使知识的更新速度越来越快，成人面临岗位需要和自我发展的双重压力，不断进行学习充电成为做好本职工作和增强业务素养的前提，普通教育传授给人们的专业知识技能不能满足成人一生的需求，只有结合自身实际，在实践中不断学习，紧跟时代的发展才能为人生事业的进步提供不竭的动力。国家大力推进在职教育、继续教育就是要为成人提供多层次多方位的教育平台，使人们学有所教，学有所长。成人高等教育要带给社会成员各个方面的学习机会，帮助他们提高、进步，因此，成人教育承载着人们的希望，严把教学质量关意义重大。

（3）高质量的成人教育是教育公平的体现。教育公平关系着人民群众的切身利益，对于个人和社会而言，都极为重要。从个人角度出发，它关系到每个人的发展，甚至对人的一生造成长久的影响。从社会角度出发，教育公平是社会资源分配公平与正义的体现，影响社会发展的和谐与稳定。在现代社会，经济发展中公平与效率往往互相冲突，难以共生共存，但在教育领域，两者应该是高度重合的。教育公平包含三个层次：起点公平，确保人人都享有平等的受教育权；过程公平，在接受教育过程中人人都有资格得到平等的待遇；结果公平，同一层次的教育服务要输出平等的教育质量。成人高等教育和所有学校教育一样，要注重对教育品质的追求，竭尽所能为成人教育学员提供相对平等的受教育机会和条件，在资源配置和教学过程中平等对待每一位成人学习者，与此同时，考虑到个体间的差异性和发展的不平衡性，尽可能为他们提供个别化的教育服务，使其个性得到完全的发展。将以上作为基础与前提，保证每一位成人学习者在投入了一定的时间和精力，接受了同等水平的教育后，都能达到一个基本的人才标准。教育结果公平其实就是教育质量的平等，高质量的成人高等教育才能体现出教育的公平。

（三）高质量是成人高等教育生存与发展的内在要求

1. 成人高等教育高质量要求具有高效益

成人高等教育发展要取得长远发展，就要协调好规模与结构的关系、质量和效益之间的关系，而不能单纯地追求某一方面。在计划经济时代，成人高等教育招生按区划人，不论质量好坏，都没有生源烦恼。市场经济的到来打破了这一原有格局，成人高校招生自主权得到扩大，学习者也可以自由择校，竞争的出现必然导致质量低劣、效益惨淡的成人教育机构生源下降，优胜劣汰的市场环境决定成人教育的竞争就是质量与效益的抗衡。

任何学校教育工作的根本是教学工作，高校成人教育管理工作就是围绕如何提高教育教学质量和办学效益而展开的，求质量、讲效益，教育的管理工作才更有意义。高校成人教育旨在培养高素质的人才，提高劳动者的文化修养，使他们在回到工作岗位后能以更高的产出回馈社会，回报国家。个人、家庭选择成人高等教育也是将其作为一项投资，同样期待有所回报，无论是更为体面的工作、更为优厚的薪资还是更加舒适的工作环境或者较高的社会地位等。成人高等教育的质量越高，办学效益的回报就越好，对国家和社会的贡献就越大，个人受益也越多，家庭投资积极性也就越强，国家社会投入力度也会加大，形成一个良性的循环。因此，高校成人教育必须重视办学质量，做到质量水准与规模效益的同步提高。

2. 成人高等教育效益有助于持续发展

科技进步、社会发展产生出巨大的人才缺口，高等教育对于知识的创新、传播与应用以及专业能力的培养十分必要，如今为了更好地适应时代的要求，人们选择重返校园接受成人高等教育，是带着殷切的期望而来，高校必须有能力担当起这个重任。国家的经济繁荣，政治稳定，团结进步都与社会成员接受的教育水平密切相关，成人高等教育质量的良莠直接影响社会劳动力水平的高低。有高质量的建设者，社会发展才更有前进动力。成人高校也在根据社会需要不断调整自身布局，扩大专业的领域，丰富内涵建设，采取多样化的办学形式，积极为社会经济发展输送各类人才，这些人才的质量与素质便成为高校的口碑。成人教育质量有保证，在社会中有认同度，在教育界有影响力，自然能够带动效益的增长，高校对成人教育的投入也更有信心，长此以往，势必能够使成人高等教育进入一个持续健康的发展模式。

二、成人高等教育转型质量的保障机构

成人高等教育转型的质量保障活动的有效开展不能单独依靠培训机构的教学和检查,更应有国家以法令法规的形式给予监督和支持,使各级政府、社会中介机构以及用人单位等多元主体作为保障体系的组成部分,互相协调,互相补充,共同对高校成人教育过程和教育结果进行综合的考量,并评定划分出质量等级,借以规范高校成人教育的行为,从机制上保障成人高等教育质量水平的稳定提高。

(一)各级政府的参与及政策的支持

政府是国家公共行政权力的象征,具有任何机构不可比拟的权威性与强制力。在世界发达国家,政府部门有间接参与成人教育质量评估的先例,政府授权第三方机构与成教的培训机构共同参与质量测评的全过程,测评强调评估方与被评估方之间的信息反馈与交流,评价结果面向社会公布以便接受更多的监督。未能通过质量测评的成人教育培训机构要在限定的整改期内作出调整,每一次测评最终的结果具备一定的有效期,从而确保测评工作的公正与合理。

在我国高校成人教育质量保障实践中,各级政府充当的角色在强化宏观调控和监督工作的同时,也应注重职能的转变,适度将工作重心转移到质量评估机制的建设上。采取立法及嘉奖、惩戒等经济手段,通过授权评估机构或任命评估人员等途径,引导、干预评估过程。总体而言,政府在成人高等教育质量保障方面发挥的作用主要可以概括为三点:首先,从宏观上对高校内部成人教育质量保障活动进行统筹与指导,为高校成人高等教育制定质量标准;加快成人高等教育事业的法制化进程,出台有关的法律法规和政策条例,帮助建立健全成人教育质量保障体系。其次,参考国外经验,组织权威学者对成教机构办学水平进行考察,建立兼有官方和民间性质的第三方评估机构,向成教机构提供评估的详细信息,使高校能够灵活应对市场需求,不断提高现有质量。最后,政府部门还可以采取一定的经济措施或物质手段对高校成人教育机构进行间接或直接的激励与制约。

(二)社会评估机构的介入及其认同

成人高等教育与普通高等教育同等文凭不同待遇的社会现实告诉人们,社会对成人教育质量的认同度、市场对成人教育毕业生的满意度是高校成人教育质量保障工作成功与否的关键。因此,学校要树立质量意识、品牌意识,社会同样也应放开怀抱,积极参与到成人教育的质量保障活动中去。例如,支持发展行业协

会、成人教育学术团体以及非政府性质的社会中介机构，对现有的成人高等教育质量水平进行评估，为相关部门提供及时有效的反馈信息，激励和引导教育质量水平的提高。同时，社会保障也应善于利用新闻媒体、社交网络的舆论力量对高校的成人教育办学质量进行评价和监督，评估结果可以为政府部门的评测提供现实依据。

高校成人教育质量保障体系中社会评估机构的介入能更好地体现出成人高等教育为社会服务的全面性，社会评估机构的认同也能极大地坚定高校成人教育狠抓质量建设的决心。此外，要看到现代成人高等教育所处的开放环境，谈发展要立足本土，更要敢于放眼世界，考虑到多年后国民的教育需求。保障成人教育的质量水平，说到底还是需从主动提高办学水平入手，对于国外先进的成人高等教育理念、成功的经验要积极学习，推动、加快成人高等教育与集团合作、跨国合作的步伐，分享优质的教育资源和教学成果，共同保障成人教育质量进步。

（三）成人高校与用人单位的共同监督

在成人高等教育质量保障的整个体系当中，高校作为最具主动性的保障主体，应牢牢把握办学指导思想，树立科学的质量观，建立健全高校成人教育质量自我评估的机制。国内高校在成人高等教育自身建设的多个方面处于自我摸索的阶段，教育的远景目标或发展规划、教育目标和专业设置、课程安排、教学形式、管理考核、资格认证等许多环节充斥着随意性，严重影响对教育质量的控制。因此，高校应根据办学现状成立自评估体系，包括领导的选拔，政策的学习，对人力资源和市场需求的把握，重视办学设施建设、教学过程管理，定期调研学生满意度、教员满意度以及社会满意度等。组织全体成员主动进行自我评估，以便确认高校现阶段的办学能力，提出改进意见，适时调整办学行为。自我评估体系的运行过程是高校作为培训机构不断学习、探索、积累和提高教育质量的过程，是提升高校综合办学实力的有效途径。

用人单位作为成人高等教育学员的选派者和接收者，也是成人高等教育产出的直接受益人，在高校成人教育质量保障的活动中应该给予足够的支持，群策群力，广泛监督，开展对教育培训机构的访问与考察，定期检查员工学业情况，对优秀毕业生给予表彰奖励，对经济困难者给予助学补贴，重视与成人高校建立信息交流的渠道，就学员情况与企业需求及时进行沟通。与此同时，用人单位也应主动联合政府部门、社会团体，对高校成人教育的质量保障活动进行有效的监控，共同构建质量保障体系。

三、成人高等教育转型质量保障的人力要素

高校成人教育质量保障体系的高效运行除了外部机构的合力支持外，不能缺少内部人力资源的支撑，为确保高校质量保障措施落到实处，同时正面拉动成人教育质量水平的增长，需要从师资水平、教学管理者和成人学习者自身三个方面入手进行人力保障建设。

（一）师资水平

信息技术的发展和平板电脑、智能手机的普及使现代人只要抱有一颗学习的心，就能找到无数的教育资源，然而现实中只有极少数人能够拥有较强烈的主动性和自制力，尤其是对于已经步入社会的成人而言，家庭和工作在无形中分散他们很多的精力。

高校成人教育的教师队伍一般包括教学主讲教师、辅导教师和论文指导教师。教师的资格选拔均要严格遵照相关的规定，教学主讲教师不仅要具备一定的职称，还应有丰富的教学经验和教学资源，同时对成人教育事业富有热情和责任心；辅导教师对学生工作熟悉之余应做到耐心、细心，切实起到辅助教学的作用；论文指导老师须具备较强的科研能力和论文指导经验，毕业论文答辩教师的职称不能低于副教授级别，答辩组组长须为教授职称。课程结束，组织学生对教师进行综合考评；每学期结束时，教师教育教学工作要接受绩效考核。

在成人高等教育师资水平的保障方面，还须注意缩小城乡差别。一般来说，地市级以上的成人教育教学点师资结构较合理，教师水平普遍有保证，但在教育水平整体落后省市的县级学习中心，师资力量十分薄弱。经济条件基础较差的县城、乡镇从事高等教育的专职教师凤毛麟角，教学资源匮乏，导致教育的质量水平远远低于经济发达地区。

（二）教学管理者

为形成持续有效的质量管理机制，提高教育教学质量，成人高等教育教学管理工作的重要性不言而喻。教学管理者的核心任务是教学质量管理，也是教学过程的管理，主要体现在对教学活动的质量控制方面。高校成人教育教学管理队伍自身的建设要从以下方面把握：

第一，重视教育科学的研究和对成人教育规律的研究。教学管理工作同样要

重视科研,加强对成人教育管理的理论研究和实践研究,把握高校成人教育活动的规律与特点,有利于更加科学地指导教育教学工作,提升教学服务的效率与质量。成人教育管理要重视科学性,重视管理创新,不断开发成人教育服务社会、服务经济建设的能力,教学管理者要积极促成科研成果向现实生产力转变。

第二,落实教学管理中的规章制度和暂行条例。目前国家虽然没有颁布专门针对成人教育管理的法律文件,但是各个高校成人教育学院一般都有相应的管理办法和工作条例,如《质量守则》《教师工作条例》,等等,教学管理者应做好相关制度的落实工作,保证学院各部门、各岗位依章办事。

第三,加强教学过程管理。为了更好地实现学科培养目标,教学过程的管理显得格外重要。首先,要结合实际制定科学的教学工作计划,合理分配面授、自学的学时比例,突出学科的实践性、应用性。其次,要做好新生入学注册与建档工作,教师管理做好评价与协调,实施好教材管理,考勤管理,重视班主任工作,考务工作,帮助解决学生困难与疑问。另外,要加强信息技术在教学管理过程中的应用。做好对教学环节信息的系统采集、处理和反馈,通过信息的分析实现对教学管理过程的监督与控制。总之,科学化、制度化和规范化的教学质量管理是教学质量改进的有效保障。

第四,强化教学质量管理。不定期安排管理层或班主任进行随机听课,考察教师教学进度,了解学生学习状态,敦促教与学之间的互动。端正班风、学风和考风,严抓考勤,采取出勤情况与成绩挂钩的办法,对教师提出具体要求,加强课堂教学的管理。严肃考风考纪,对违反考场纪律、投机取巧、作弊代考的学生坚决处以惩戒。改革考评制度,严把毕业关卡,对个别表现极差、学习态度散漫、成绩不合格的学生推迟其毕业年限。另外,要加强对校外教学点的监控与管理。

(三)成人学习者

成人高等教育教学的基本模式是教师导学下的学生自主学习,这是由成人教育的特殊性决定的。ISO9000质量管理体系标准中有一个基本理念——产品质量不是靠检验出来的,而是在生产过程中自觉形成的。因此,就教育质量的保障,相对于教师与教学管理者的监督,成人学习者须在更大程度上对学习的过程负责。

成人学习者与普通高等教育学生最大的差别在于,前者在学习之初已经有一部分本专业的知识,对将要学习的内容亦有大致的了解,也具有一定的工作经验,他们的学习有针对性,而个体之间针对的点又不尽相同。这种情况下,教师主导的教学模式就呈现出较大的缺陷。杰出的教育学家、心理学专家布鲁纳（J.S.Bruner），其著名的"认知—发现"学习理论给人们的启迪是，任何学科都具有特定的知识结构，如果能掌握这些结构，理解最基本的概念、原理和它们内在的逻辑联系，任何人都能够习得该学科领域的任何知识内容，"发现"是最好的学习方式。这同样适用于成人高等教育教学，成年人的认知发展水平已经足够成熟，应该鼓励成人多多进行自我主导的发现学习，成人学习者可以凭借自身已有的知识结构找到知识元，借助教师的启发与指导，结合教育资源，进行自主自觉有目的的学习。这样经过主动探究的学习过程获得的经验将比口耳相传获取到的信息更为深刻和可靠，而发现过程的刺激也将在一定程度上保持成年人的学习热情。

成人学习者应充分认识到，知识的习得过程远比获取的知识本身重要，学习者要锻炼自己掌控学习过程的能力。教育的本质是受教育者忘掉所有所学后剩下的东西，高等教育尤为如此。鉴于此，成人学习者在接受高等教育时应有意加强这方面的素质培养，这对于成人高等教育质量的提高才是质的进步，对学习者个人也会产生更为长远的有益影响。

第四章　新时代成人高等教育转型发展的实践创新

随着社会转型研究的逐步深入，有关成人高等教育转型发展的研究也获得了学界的高度关注。鉴于此，本章主要围绕创新创业教育影响下的成人高等教育转型发展、慕课在成人高等教育转型中的创新应用以及大数据技术在成人高等教育转型的应用展开论述。

第一节　创新创业教育影响下的成人高等教育转型发展

"大众创业、万众创新"时代，开展创新创业教育是我国成人高等教育践行培养创新创业人才这一历史使命的必然选择。创新创业教育不但有利于提高成人高等教育学员的就业率，它也是我国成人高等教育自身转型与发展的内在诉求。成人高等教育开展创新创业教育要以激发学员创新创业热情为先导，以落实学员创新创业的主体地位为原则，以加强创新创业实践为基础，以挖掘创新创业综合课程资源为依托，以实行弹性学制为保障。

中华人民共和国国务院发布了《关于深化高等学校创新创业教育改革的实施意见》，为包括成人高等教育在内的各类高等院校开展创新创业教育提供了参照，指明了方向，提供了新的发展契机。尤其对于我国成人高等教育而言，其人才培养质量长期广为诟病，加之在高等教育大众化的影响下，已深陷生源危机。深化改革、顺应时代创新创业要求，开展创新创业教育是我国成人高等教育摆脱发展困境、实现成功转型的应然选择。

联合国教科文组织在20世纪80年代末召开的"面向21世纪教育国际研讨会"上首次提出"创业教育"，并指出创业教育是为了培养具有开拓性、创造性思维的个体。1991年，东京创新创业教育国际会议从广义上把"创新创业教育"界定为：培养最具有开创性个性的人，包括首创精神、冒险精神、创业能力、独立工作能力以及技术、社交和管理技能的培养。美国劳动部对创业教育给出的官方定义是创业教育通过使学生在真实生活中体验承担风险、管理结果、从结果中汲取经验教训等，致力于将学生培养成有责任心、有事业心的未来的创业者或具有创业思维的人。

创新创业教育有狭义和广义之别，广义上的创新创业教育主要是指通过创新思维培养和创业能力锻炼，来培养具有创业基本素质和开创精神的个体，包括社会责任感、创业意识、创业精神、冒险精神、创新创业能力、独立工作能力以及技术、社交和管理技能等；狭义上的创新创业教育主要是指教育学生如何创新、如何开拓职业。本书主要探讨的是广义上的创新创业教育，将创新与创业并称旨在强调二者的紧密联系，因为创业本质上是一种极具创造性的实践活动。

创新创业教育已成为国际教育界的共识。联合国教科文组织在巴黎召开的世界高等教育会议上发表了《21世纪的高等教育：展望与行动世界宣言》，其中提到，培养学生的创业技能应成为高等教育关心的主要问题，高校毕业生不应该只是扮演求职者的角色，而更应成为工作岗位的创造者。当前我国处于社会转型期，就业岗位有限，单凭填补现有职位空缺的方法无法完全解决就业问题。就业之难，难在教育。以创新引领创业，以创业带动就业是解决当前就业难题的最佳方略，而创新创业教育是提升创业者创新创业综合素质的突破口。在校学生通过接受创新创业教育来增强创业意识，提升创业素质，进而提高成功创业的概率，不但解决了自己的就业问题，还能为社会创造大量的工作岗位。因此，创新创业教育不但发挥了教育适应与服务社会的功能，更重要的是，它能够成为引领社会发展的重要引擎。

一、成人高等教育转型发展是创新创业教育的必然

成人高等教育是我国高等教育事业的重要组成部分，同时也是成人教育中的高层次教育和重要组成部分，它是对符合入学标准的在业或非在业成年人实施的高等教育，旨在满足成年人提高自身素质或适应职业要求的需要，是培养专门人才的途径之一。基于以上定义可知，成人性与高等性是我国成人高等教育的两大基本属性，成人性是其区别于普通高等教育的最显著特征，高等性决定了其培养高层次创新人才的重大使命。"大众创业、万众创新"时代，我国成人高等教育开展创新创业教育既是必然的又是可行的。

（一）成人高等教育转型发展是创新创业的内在诉求

我国成人高等教育在历史舞台上发挥了学历补偿的关键作用，曾取得过成就卓著的辉煌；立足当前，创新创业已成为时代的鲜明主题，成人高等教育必须披荆斩棘，肩负起培养创新创业人才的艰巨使命。但由于种种原因，当前我国成人高等教育的人才输出质量并没有得到社会的广泛认可，毕业生的实践能力不强，就业、创业能力较弱，难以满足社会对于创新创业人才的需求。究其原因主要在于以下五个方面：

（1）在办学理念上，部分成人高等教育办学机构片面追求规模与经济效益，宣扬"学历至上"，忽视学生创新创业能力的培养。

（2）在教学方式上，单纯采用班级授课的形式开展短期培训，实践环节流于形式。

（3）在课程设置上，分科过细，无法满足学员个性化需求，学员知识面狭窄。

（4）在教材上，普教化问题突出，内容过于陈旧，重知识轻能力、重理论轻实践的倾向较为明显。

（5）在师资上，成人高等教育的教师很可能是某个专业领域的出类拔萃者，但并一定熟悉极具特性的成人教学活动，从而使得教学效果大打折扣；学年制度过于呆板，缺乏弹性，无法满足广大在职成人创业的时间需求。

以上原因导致毕业生、家长、企业乃至整个社会对成人高等教育的满意度降低，以致部分成人高校深陷生源危机。生源是成人高等教育的生命线，毕业生就业满意度的高低关乎成人高等教育的生存与发展。面对创新创业的时代召唤与成人高等教育的自身发展困境，成人高等教育亟需突破学历教育的壁垒，使其吸引力由学历补偿的主要功能向培养创新创业人才的方向转变。然而，站在转型的十字路口处，我国成人高等教育并没有义无反顾地推进自身改革，一方面由于其没有能力应对社会的飞速发展；另一方面由于受固有惰性的影响，一些成人高等教育机构求稳怕乱，抱残守缺，固守传统办学模式，导致与社会发展严重脱节。

（二）成人高等教育开展创新创业教育的先天优势

成人高等教育具有不同于普通高等教育的诸多特点，这些特点不仅源于其受教育对象的成人性，还在于成人高等教育在教育理念上强调学以致用，重视应用型人才的培养，教学内容上力求少而精，教学方法上倡导学生自主性的发挥，学习形式灵活多样。以上特点使我国成人高等教育在开展创新创业教育中具有不同于普通高等教育的独特优势。其优势具体表现在以下方面：

（1）普通高等教育以传授高深的学术知识为主要任务，如果一切教育活动以就业、创业为导向的话未免本末倒置；而成人高等教育以培养应用型人才为己任，创新创业教育理应成为其培养应用型人才的有效举措。

（2）在职成人或放弃工作接受继续教育的成人构成了我国成人高等教育的主要群体，大部分学员有过工作经历，甚至一些学员是带着工作中的实际问题来求学的，他们了解自己的学习需求，深知自己的兴趣所在，不但学习热情高涨而且能够在学习中做到有的放矢。同时，他们工作经验与社会阅历丰富，自主创业能力较强，又可以充分利用现有的社会关系，使创业计划更好地实施，因此，他们成功创业的概率更大。甚至有些学员已经开展过相关创业实践，他们的创业经验或教训是自己以及其他学员的宝贵财富。

（3）成人高等教育的受教育对象是成人群体，他们精力充沛，个性鲜明，自主性强，思想活跃，富有创新意识，学习动机强烈，这些都是创造性活动的必备条件。

（4）成人高等教育学习形式灵活多样，例如半工半读的学习形式有利于学员边学习边创业，不但有效缓解了工学矛盾，而且保障了成人创新创业的时间。

二、成人高等教育开展创新创业教育的途径

（一）更新创业理念，激发创新创业行动热情

理念是行动的先导。成人高等教育必须把更新学员创业理念作为开展创新创业教育的先导性工作。

（1）创业指导师帮助产生创业想法的学生进行创业能力综合测评，并指导学生评估自己适合的创业类型与创业模式。创新创业对人的综合能力和素质要求较高，并不是任何人都适合创新创业，学员理性判断自己创业条件和优势是成功创业的第一步。

（2）进行创新创业思想动员，使学员了解创新创业的必要性与重大意义。可以举办交流会、指导会，邀请知名校友、创业典型以及专家学者帮助学员科学规划职业生涯，并以此激发学员通过创新创业实现人生价值的强烈欲望，形成主动创新、积极创业的意识。

（3）开展价值观教育。与重人文的普通高等教育相比，重应用与实践的成人高等教育所缺失的正是价值观教育。大量的创业教育实践表明，解决学生创新创业问题，仅凭开设一些有针对性的课程或开展一些具体的指导，或许能收一时之效，但不能从根本上解决问题。而价值观教育能够使学员树立正确的择业、就业、创业观念，发扬锲而不舍、脚踏实地、艰苦创业的精神，这将对学员的一生都具有指导意义。

（4）帮助学员消除创业的恐惧心理，激励学员创业的勇气。加强创业优惠、支持政策的宣传力度，使每一位具有创业意愿的毕业生都熟知政策、受用于政策。可以借助于微博、微信等新媒体，采取年轻人喜闻乐见的方式，及时发布并解读国家出台的促进创新创业的优惠、支持政策，以此增强学员成功创业的信心。

（二）培育创业师资，打造创新创业专业团队

创业成功率的高低除了受个人能力、资金、场地、商机、社会关系等因素的影响外，专业的创业指导团队也是决定创业能否成功的关键。因此，成人高等教育亟需培育一批专业的创业指导师，这是做好学生创新创业教育的重要基础条件。打造专业化创新创业指导团队可以从以下方面考虑：

（1）加强校企合作，外聘指导师。成人高等教育办学机构可以到企业聘请具有创业成功经验的企业家做学校的兼职教师。大多数成功企业家的创业之路并不平坦，他们的宝贵经验和教训具有很强的激励和借鉴作用。企业家们能够为学生提供具体实用的创业指导，用成功创业者的亲身经历去鼓励学员勇于创业、学会创业。

（2）加强在职指导师的培训。大部分成人高校负责创业指导工作的教师没有创业经历，对于创业的研究也不够深入，其指导效果可想而知。充分利用现有教师资源，加强在职教师培训不失为壮大创业指导师队伍的有效之举。在培训过程中可以采用体验式培训的方法使教师切身体验创业过程。同时，鼓励、支持从事创新创业教育的教师到企业挂职锻炼，亲身参与社会行业的创新创业实践，从而提高其指导学生创新创业的能力。为激发在职创业指导师参与培训的积极性，可以给予其经费、职称考核、培训进修等方面的倾斜支持。

（3）建立多元、动态的创业教育专家体系。由于创新创业是一项跨越多个学科领域的、对创新创业者综合素质要求较高的、复杂的实践活动，这就要求创业指导师不能够只是来自一个领域的专家。因此，成人高等教育机构应加强与普通高校的沟通与合作，充分利用普通高校的专家队伍，建立一个多元、动态的创业教育专家体系。

（三）整合分科课程，培养创新创业复合型人才

创新创业教育侧重于培养综合性人才，强调知识的综合运用，对人才的综合素质与能力要求较高。成人高等教育实施创新创业教育首先应该转变人才观，从培养多元知识、多元思维、多元功能于一体的一专多能的复合型应用人才出发，用最先进的科学知识和最新技术武装学生。在社会转型时期，就业结构的转变使我国社会对人才的需求结构也随之改变，综合性的知识与技能结构是学员成功创新创业的基础。成人高等教育跨专业复合型人才培养是适应这种社会需求的崭新的教育理念。其次，成人高等教育要建设跨学科的立体化课程资源。一方面，应打破普通高等教育学科和专业设置的界限，构建跨学科、跨专业的综合课程平台，为学生跨学科、跨专业、跨系选修课程创造条件，这样才能保障创新创业的综合性知识结构，进而适应创新创业者所需知识技能综合化的现实需要；另一方面，教材是课程的载体，要开发针对创新创业教育的立体化教材，从形成学生整体的创新创业能力出发，将诸多相关课程资源集成多功能、多媒体的教学包，并将教学包与基于互联网的教学网站结合在一起，以形成一个让学生使用起来更加方便有利于学生自主学习的课程资源环境[①]。

（四）丰富实践活动，增加创新创业实践经验

传统教育侧重于知识与技能的传递，学生主要获得间接经验，而创新创业教育是一项实践性非常强的教育活动，这就决定了其必须走出教室，丰富创新创业实践活动。开展创新创业实践要从以下方面入手：

（1）发挥学员的主体性，因为学习者主体地位的获得是其创造性发挥的前提。一方面成人高等教育机构要充分发挥指导帮扶作用；另一方面教育服务到位而不越位，鼓励学员自我探索，自我设计，自我成长。

（2）创新创业实践要因材施教，彰显成人个性。成人学员在年龄、兴趣、阅历、择业倾向等方面具有明显的差异，他们对创新创业教育的个性化需求极为迫切。基于此，成人高等教育应尊重学员的个体差异进行"一对一"的实践指导。

---

① 侯龙真.创新创业教育：成人高等教育转型之路[J].中国成人教育，2016，（02）：34-37.

（3）与企业、事业单位开展合作，搭建教育实践平台。具体而言，加强学生创新创业孵化基地建设，创建创业指导服务中心，成立校友联合会、学生创业俱乐部和创业联盟，并建立大学生创业基金会，为创业者提供充足的资金支持。尤其是近年来，微型企业成为国家关注并大力支持的重点，具有创业成本低、组织结构简单灵活的特点，非常适合在校生创业。因此，成人高等教育针对微型企业的特点开展创业教育不失为一种可选之策。

（4）进行创业实战。应充分利用课程教学，引导学生开展虚拟创业设计，使学生将创业理念和课堂所学知识有效结合起来；积极组织学生参加各种创新创业比赛，这是学生创业模拟练习的一项有效方式；成人高等学校内具有丰富的市场资源，校内市场应适度向学生开放。

（五）建立弹性学制，保障创新创业的践行机会

创新创业实践不但需要充足的时间与精力作保障，而且还需要教育制度上的支持。成人高等教育的对象多为在岗人员，面临严峻的工学矛盾，而弹性学制是解决这一矛盾的有效途径。弹性学制由学分制演进而来，是指学习内容有一定的选择性，学习年限有一定的伸缩性的学校教育教学模式。其最大特点是学习时间的伸缩性，既可提前毕业，也可滞后毕业；学习过程的实践性，即可半工半读、工学交替、分阶段完成，以及学习内容和学习方式的选择性。弹性学制下，成人高校可以开设灵活多样的、可供选择的课程，以激发学生主动学习的积极性与创造性。学生学分修满，达到专业要求就可以毕业，这样不仅可以为学生的专业学习提供多种选择性，而且也为学生的个性发展、提高创新创业能力提供可能性。

在职学员可以根据自己的实际情况，本着"忙时少学"和"闲时多学"的原则，统筹安排学习时间，既便于在职人员进行创新创业的理论学习又可以保障创新创业实践的时间与精力。对于非在职学员而言，建立弹性学制既可满足学生对教育选择的个性化、多样化要求，也有利于学生渐进式地与社会接触，在校生即使创业时机不成熟，也可先进入学长团队就业，积累经验，增长能力后再进行创业。由于弹性学制扩大了学员的可选择空间，增强了学员的自主性。因此，为避免出现学生贪多求速的问题，成人高等教育必须实行全方位的教学计划，精心设计课程体系，从而保障人才培养的质量。

第二节 慕课在成人高等教育转型中的创新应用

慕课作为最新的网络教育课程模式日益受到人们的关注。如何利用慕课来实现成人高等教育转型，成为成人高等教育发展中的一项重大课题。

慕课（MOOC）作为最新的网络教育课程模式日益受到人们的关注，有很多愿意分享和协作的学习者参与其间，是面向社会公众的免费开放式网络课程模式。作为一种新型在线教学模式，慕课给互联网产业及在线学习、高等教育带来巨大影响。慕课起源于基于关联主义学习理论的互联网开放课程，对慕课的授课模式和学生的学习方式进行研究，不难发现慕课（大规模在线课程）如同其名，具有开放性、大规模、网络性等课程特性。

第一，免费注册的开放教育形式，随时随地都可以学，没有人数、时间和空间限制。课程中所有资源和信息都是开放的，且全部通过网络传播。

第二，拥有大量参与者的巨型课程。课程的学习者可多达上百万人。学习者可以根据自己的习惯和偏好使用多种工具或平台参与学习，比如博客、社交网站等，主要通过对某一领域的话题讨论、组织活动、思考和交流获得知识。

第三，凸显了学习者主体地位。学习者可以在全球范围内随意挑选老师和课程，享受优质的教育资源，费用低廉。有不懂的地方可以随时按暂停键，进行循环播放，还可以在学习社区内提问，并与他人进行交流，获取最佳答案。

第四，具有比较完整的课程结构（课程目标、协调人、话题、时间安排、作业等），按学期上课。进入学习不到5分钟，需正确地回答问题才能继续课程，如同游戏通关。老师布置作业，但不一定是老师批改作业，多由同学和电脑程序进行批改。线上、线下自发形成讨论。成绩合格后，每一门都会得到一张证书。

一、慕课在成人高等教育转型中的重要性

慕课作为教育信息化的最新产物，必然会在成人教育转型中发挥重大作用。

（1）有利于实现成人高等教育办学理念转型。慕课充分利用了现代信息技术为学习者提供服务，实现"人人皆学、时时能学、处处可学"，有助于构建与学历教育、继续教育、社区教育互联互通的终身学习"立交桥"，促进全民学习、终身学习以及每一个人的全面发展。这恰好符合成人教育办学理念转型的需要。通过向成人提供慕课课程，成人高校可以更好更快地实现办学理念由满足单一学

历教育需求向多元化教育需求的转变①。

（2）有利于促进成人高等教育办学体制转型。慕课是免费注册的开放教育形式，随时随地都可以学，没有人数、时间和空间限制，非常灵活，课程中所有资源和信息都是开放的。学习者可以在全球范围内随意挑选老师和课程，享受优质的教育资源，突出了学习者的主体地位。这就形成了学校与学校，老师与老师之间的竞争，谁提供的慕课质量好，能够符合市场需求，让学习者满意，谁就可以在竞争中取胜。显然，成人教育通过提供慕课课程就可以促进成人高等教育建立以市场为导向的办学体制。

（3）有利于提高教育质量，形成教学特色。慕课全部是通过网络在全球进行传播，影响力非常大。质量低劣、毫无特色会使成人高校的声誉在全球范围内受损；反之，优质且有特色的慕课课程会赢得数以万计学习者的青睐，帮助成人高校在全球市场上形成较高声誉。慕课的实施必然鞭策成人高校提高教育质量，形成自己的教育特色。

（4）推动教育信息化的发展。在知识经济、信息时代的背景下，成人教育要想促进教育公平、提高教育质量、改进教育管理方式、构建全民终身学习体系，就必须依赖信息化的全面支撑。这使得成人教育信息化势在必行。显然，作为教育信息化的最新产物，慕课必然能够推动成人教育信息化的发展。

二、慕课在成人教育转型中发挥作用的途径

（1）国家政策引导。慕课的可持续发展和作用的有效发挥，离不开国家的政策引导。第一，国家应该根据我国国情制定慕课的发展规划、教学规则、考核标准和成果认定规则，使得慕课的学历能够得到社会的认可；第二，通过政策倾斜，加大教育经费的投入，提供资金保障；第三，引入商业运作机制，允许企业进入，改善原有的网络平台，建造中国的慕课平台。只有这样，才能为慕课的发展提供良好的生态环境，让慕课在成人高等教育转型上的作用得到充分发挥。

（2）学校大力推进。成人高校应充分认识慕课在成人教育转型上的作用。不要以为慕课现在还只是北京大学、清华大学和上海交通大学等知名高校的事，离成人高校还有一段路程，其实，慕课就在眼前，并为普通高校和成人高校提供平等的机会。如果成人高校现在仍不积极参与慕课制作，就会失去一个非常好的

---

① 陶玉侠. 慕课在成人高等教育转型中的作用研究[J]. 北京宣武红旗业余大学学报，2015，（01）：15-18.

发展机会。因此，成人高校应该主动参与并大力推进慕课课程，鼓励教师积极参与，给老师提供培训的机会，提高教师的信息化素养和教学水平，同时给予资金和时间上的支持。与此同时，与政府、企业、社区等各方面积极合作，获得资金支持，找到具体的教育需求，以提供符合市场需求的慕课课程。

（3）教师积极参与。教师是慕课的主角，不仅要讲授课程，而且要负责幕后的制作，这对老师的要求非常高。但是，随着教育信息化的到来，无论愿意与否，教师都要面对慕课带来的影响。它可能会成为教师的临界点：要么积极参与，提高教学水平，成为明星教师；要么被淘汰出局，面临失业。与其被淘汰，不如放手一搏。因此，教师应该积极参与到慕课中来，增加知识储备，探索出在线教学方法，提高信息化素养，提升教学能力和教学效果，使自己的职业生涯更长远。

第三节　大数据技术在成人高等教育转型的应用

大数据已经发挥重要的作用，同时对人类社会诸多行业和领域都产生了极为深刻的影响，其中，大数据在教育领域之中还引发了教育变革。在目前高等教育当中，很大程度上会受到大数据的影响，加强大数据的研究能够更好地实现高等教育改革，同时有利于当前人才的培养工作顺利地开展。

我国高等教育当中，成人高等教育是其中不可忽视的一股重要力量，经过我国改革开放40年以来的发展，取得诸多成就，同时形成相对完善和庞大的高校教育体系，给我国社会发展和经济发展提供了大量的高素质的人才。但是，近年来，我国高等教育当中还依然存在着诸多的问题，同时遇到了很多困难，甚至还引发危机，在当前时代背景之下，高等教育工作如何提高其整体质量值得相关人士深入思考和研究，因此，需要转变高等教育模式，培养更多高素质的人才，需要引起高度的重视。在大数据时代，应当促使成人高等教育转型和升级，其中，应当要更新教育理念建立大数据思维、建立成人高等教育大数据资源平台。除此之外，还应当要创新大数据教学模式，进一步提升人才培养质量等。

一、建立大数据思维

大数据也被称为海量数据资源，主要就是通过采用信息技术作为载体的复杂的以及大规模数据的一种集合，大数据具备数据类型复杂、数据量大以及数据价值高和数据变化快等诸多特点，大数据是云计算、互联网等技术快速发展之后的一种产物。通过大数据可以反映相关问题，同时也可以通过大数据解决相应的问题。在大数据的时代背景之下，社会各个领域都已经加强了大数据的运用，大数据思维在社会的各个行业产生了良好的效果。在目前开展成人高等教育的过程当中，通常会受到大数据的影响，高等教育要转型升级发展就需要具备大数据思维，要求相关的人士转变传统思想观念，要将现代教育和大数据思维融合起来，通过利用大数据技术深入地挖掘高等教育的内在价值，这样才能够实现高等教育良好改革和转型升级[①]。

二、建立大数据资源平台

高等教育通过采用大数据解决相应的问题，其根本上是从大量的数据当中挖掘出最有价值的信息和数据，通过利用大数据针对成人高等教育改革，在目前，需要构建大数据资源库，这是有效解决高等教育当中问题的基础和关键所在。对于目前的成人高等教育而言，可以构建学生学籍库、招生录取库、教务系统库、多媒体课件库以及校园精品课程库等，这都是大数据应用当中不可忽视的一个部分。只有通过利用大数据对其进行综合化处理，才能够发现大数据库潜在价值，与此同时，构建高等教育大数据资源库过程当中，应当从以下方面着手：

（1）需要对各种教育资源进行有效的整合，促使信息可以系统化和数字化，针对不完善信息需要进行更新和补充。

（2）需要创建新的资源库，尤其是需要对信息资源进行全方位梳理，对于其中还没有包含的教育资源要加强采集工作，例如，需要收集学生家庭情况、成长背景、课程负担、学习进展以及兴趣爱好等相关信息，这也是目前教育资源库在建设过程当中特别容易被人们所忽略的环节。

（3）需要构建大数据联盟，构建校际之间资源共享平台，通过教学资源库不仅能够促使成人学校教学资源方面不足问题得到有效改善，而且还可以切实地保障资源建设整体质量，能够有效节约投入的成本，对于提高教学质量和教学效果都具有重要的价值和意义。

---

① 郭碧薇.基于大数据时代的成人高等教育转型发展初探[J].文化创新比较研究，2020，4（08）：146-147.

三、创新大数据教学模式

当前成人高等教育在平时教学的过程当中，通常采用的授课方式往往是教师加黑板的方式，这样的方式存在着诸多的问题，不仅仅学生的出勤率较低，教师的师资水平比较差，教学管理不够强，而且直接影响到了人才培养质量，培养效果不够理想。云计算技术和大数据技术得到快速发展的背景之下，教育在技术层面上呈现出智能化、网络化、数字化以及多媒体化等发展趋势，所以，这样就造成了教育模式具备共享性、开放性、协作性与交互性等特点，与此同时，相比于传统的教育模式而言，通过利用大数据技术教育能够有助于打破教育时空限制，同时，还促使信息传递具备受众面广、传递速度快、交流方便。在目前的成人高等教育，其中需要构建信息教学平台，加强大数据广泛运用，要逐步地完善信息化教学机制，促使信息化能够全方位运用。

在成人高等教育当中，通过利用大数据技术促使各大环节的教学效率和质量得到显著的提升，首先，需要转变传统教育模式，通过使用大数据资源平台开展信息化教学工作；其次，对于当前的成人高等院校而言，需要采用网络技术加强教学工作，这样才能够有助于提升教学质量和教学效果，同时可以有助于节约教育成本。

综上所述，在大数据的时代背景之下，成人高等教育之中需要加强信息技术的广泛运用，促使信息技术发挥重大的作用，通过利用信息技术不仅可以切实地满足个性化教学需求，而且可以促使人才整体质量符合要求。培养人才的过程当中，要营造良好学习氛围，还应当增强高等教育系统性与组织性，这样才能够提高成人高等教育教学质量和教学效果，促使高等教育逐渐地走向智能化、现代化以及个性化发展道路。

参考文献

一、著作类:

[1] 何红玲. 新中国成人高等教育发展研究[M]. 北京：中国社会科学出版社，2004.

[2] 宋永则. 成人高等教育概论[M]. 北京：中国社会科学出版社，2002.

二、期刊类:

[1] 蔡群青,夏海鹰. 终身教育时代成人教育发展研究[J]. 成人教育,2016,36(7):10-13.

[2] 陈华. 成人高等教育网络学习资源的开发与共享[J]. 中国成人教育,2019,(5):12-14.

[3] 陈巍. 成人高等教育机构开展网络教育的实证研究[J]. 开放教育研究,2010,16(5):27-34.

[4] 谌喜兵. 终身教育背景下成人教育转型研究[J]. 继续教育研究,2016,(4):63-65.

[5] 方斌. 目标及路径选择：河南省成人高等教育内涵式发展探析[J]. 继续教育研究,2015,(9):41-43.

[6] 郭碧薇. 基于大数据时代的成人高等教育转型发展初探[J]. 文化创新比较研究,2020,4(08):146-147.

[7] 何爱霞. 我国成人高等教育办学机构理念革新论析[J]. 现代远距离教育,2013,(3):33-38.

[8] 何静. 基于全视角学习理论的成人教育发展[J]. 中国成人教育,2018,(21):28-31.

[9] 侯龙真. 创新创业教育:成人高等教育转型之路[J]. 中国成人教育,2016,(02):34-37.

[10] 黄遵红，张培.终身教育理念下成人学习需求的管理机制建设研究[J].中国成人教育，2020，（3）：3-8.

[11] 姬睿铭.从模仿到特色：成人高等教育发展理念的嬗变[J].成人教育，2018，38（11）：12-15.

[12] 季贤.关于成人高等教育考试制度改革的思考[J].扬州大学学报（人文社会科学版），2011，15（1）：112-113.

[13] 李兴敏，罗唱，林贻行.成人高等教育的改革、创新与转型研究规律[J].职教论坛，2016，（3）：52-57.

[14] 李艳超.终身教育理念对成人教育的影响研究[J].成人教育，2017，（10）：23-26.

[15] 李中亮.当代成人高等教育的历史走向[J].成人教育，2006，（10）：56-57.

[16] 梁玉祝，欧阳中万.高校成人高等教育网络课程构建探讨[J].中国成人教育，2019，（19）：59-62.

[17] 刘允杰.成人高等教育转型研究[D].宁波：宁波大学，2017：5-19.

[18] 鲁嘉馨.成人高等教育转型方向及策略研究[D].西安：陕西师范大学，2013，37-38.

[19] 谭大慧.成人高等教育弹性学习制度与可持续发展[J].继续教育研究，2016，（5）：63-65.

[20] 陶玉侠.慕课在成人高等教育转型中的作用研究[J].北京宣武红旗业余大学学报，2015，（01）：15-18.

[21] 王谦，文军.社会转型与当代转型社会学研究的理论脉络[J].江海学刊，2019，（3）：110-118.

[22] 赵燕.我国成人高等教育教学评估制度的反思与优化[J].中国成人教育，2018，（20）：38-41.